In ancient Greece in the time of Homer,
where there were gods of the sky and the earth, the thunderstorm,
the oceans and the underworld, fire and time and love and war;
where every tree and meadow had its dryad and maenad……

——

在荷马时代的古希腊，
那里有天空之神、大地之神、雷雨之神、海洋之神、地狱之神、
火焰之神、时间之神、爱情之神和战争之神；
那里的每棵树和每片草地都有它的树妖和女妖……

Carl Sagan, Cosmos
卡尔·萨根，《宇宙》

gaatii光体
编著

希腊神话众神的起源

神域之书

LEGENDS OF
OLYMPUS

重庆出版集团 重庆出版社

图书在版编目（CIP）数据

神域之书：希腊神话众神的起源 / gaatii 光体编著. -- 重庆：重庆出版社, 2024.5
ISBN 978-7-229-18588-6

Ⅰ.①神… Ⅱ.① g… Ⅲ.①神话 – 研究 – 古希腊 Ⅳ.① B932.545

中国国家版本馆 CIP 数据核字 (2024) 第 076100 号

神域之书——希腊神话众神的起源
SHENYU ZHISHU——XILA SHENHUA ZHONGSHEN DE QIYUAN

gaatii 光体　编著

策　　划	林诗健　夏　添　张　跃
责任编辑	张　跃
特邀编辑	许郦丹　柴靖君
责任校对	何建云
装帧设计	陈　挺

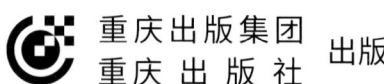
出版

重庆市南岸区南滨路 162 号 1 幢　邮政编码：400061　http://www.cqph.com
佛山市华禹彩印有限公司印制
重庆出版集团图书发行有限公司发行
E-MAIL:fxchu@cqph.com　邮购电话：023-61520656
全国新华书店经销

开本：787mm×1092mm　1/16　印张：13
2024 年 5 月第 1 版　2024 年 5 月第 1 次印刷
ISBN　978-7-229-18588-6
定价：168.00 元

如有印装质量问题，请向本集团图书发行有限公司调换：023-61520678

版权所有，侵权必究

目录

前言	6
混沌	8
古希腊罗马众神	11
创世神话	12
奥林匹斯十二神	16
宙斯／朱庇特	19
赫柏	
赫拉／茱诺	33
荷赖，伊里斯	
狄俄尼索斯／巴克科斯	53
赫斯提亚	
阿尔忒弥斯／狄安娜	67
阿波罗	79
厄俄斯，缪斯	
雅典娜／密涅瓦	97
赫淮斯托斯／伏尔甘	109
美惠三女神	
阿芙洛狄忒／维纳斯	121
赫尔墨斯／墨丘利	133
潘	
厄洛斯／丘比特	145
阿涅摩伊，许门	
波塞冬／涅普顿	159
哈迪斯／普路同	169
得墨忒尔，塔那托斯，修普诺斯	
阿瑞斯／马尔斯	187
普罗米修斯	195

"混沌是一片无垠的虚无之地，它没有形状，没有规则，是宇宙在一切生命形成之前的最原始状态。古希腊神话中，黑暗的虚空自发地孕育生命，人们后来将其称为创世神'卡俄斯（CHAOS）'，原始的神灵在它的怀抱中诞生，再由他们来为宇宙塑形。"

巨人室天花板
CHAMBER OF THE GIANTS-CEILING

朱利奥·罗马诺（Giulio Romano）
1532—1534 年
壁画
曼托瓦，得特宫

这是来自曼托瓦得特宫巨人室中的一幅天花板壁画，画中众神之王宙斯将他的武器高高举起，打下雷霆闪电。以他为首的新一代诸神在云层之上向下眺望，他们的脸上都带着惊恐的表情。这幅画描绘的是泰坦之战，在画面之外，泰坦巨人试图通过石柱攀爬到奥林匹斯山，宙斯将石柱摧毁，巨人们被压倒，他们不敌宙斯的力量正在四处逃窜。

大混沌 | MAGNUM CHAOS

乔凡·弗朗切斯科·卡波费里 (Giovan Francesco Capoferri)
洛伦佐·洛托 (Lorenzo Lotto)
1524 年
镶嵌画
贝加莫，圣母圣殿

前 言

神祇是由人类衍生的一种超自然概念，是人类智慧的结晶。当人拥有了较动物而言更高级的意识后，便会开始对世界好奇，如今世上许多能用科学解释的现象其实对于原始社会的人们来说皆无法作解，为了更好地诠释自己所在的世界，他们用智慧推衍出了与人类形象相似但又更为高阶的概念生物——神祇。古人把一些变量理解为神祇对人世的干涉，人类心中那些无处安放的愿望因为创造了神祇而成为信仰。当心愿变现，信仰加深，各路神祇也会更加地为人所知；经过口口相传，神祇套上人类社群的模板成为了一个体系。世界各地的人类社会发展既相似又各异，衍生的神系也是各有风采却又在某些地方不约而同，这本书主要选取了二十七个古希腊罗马神祇进行介绍，从神祇的起源、形象特征到发生在他们身上有趣或悲怆的故事上，结合后世艺术家描画诸神形象以及故事场景的艺术作品，对整个谱系的神祇进行简单的梳理。本书旨在让读者对每个神祇有一个直观的了解，并在脑海中感受古希腊罗马神系世界观的魅力。

混沌
CHAOS

火焰与海水交汇，迸发出巨大的蒸汽

巨人们从蒸汽中挣扎出来

栖息在一片参差无序的土地上，显示了最原始的混乱

**海面浮出的身影可能代表了
时间或是生存的进程**

神域之书

自发于混沌的神灵，在世界的初始徜徉……
他们诞下丰富的生命，赋予宇宙秩序和生机。

乔治·弗雷德里克·沃茨工作室（Workshop of George Frederic Watts） | 1875 年 | 106.7 cm × 304.8 cm | 布面油画 | 伦敦，泰特不列颠

山脉上面躺着成排的巨人

他们是连绵山脉的化身

一群女性拉手围绕山脉化作链条，代表了可测量的时间与空间

这个时期的世界
已经不再混乱，开始走向有序

众神在云端相聚
A GATHERING OF THE GODS IN THE CLOUDS

科内·凡·普伦伯堡
(Cornelis van Poelenburch)
1630 年 | 38 cm × 49 cm | 铜上油画
海牙,莫瑞泰斯皇家美术馆

众神在奥林匹斯山的云端之上会聚宴饮,左边戴着王冠正扭头与小爱神说话的是神王宙斯,视线下移,背后有一只孔雀的女神是神后赫拉;再往右边看,占据画面中心的是戴着谷穗与罂粟花环的农业女神得墨忒尔,与她攀谈正欢、头上还戴着海螺与海草环的是海神波塞冬;波塞冬的后面,头戴新月环的正是女猎

古希腊罗马众神
GREEK AND ROMAN GODS

神阿尔忒弥斯；在阿尔忒弥斯的左后方，有一戴着头盔的女神是雅典娜；雅典娜的左边，头上正散发着光明的是阿波罗；而在阿尔忒弥斯的右后方，另一个戴着头盔的男神是战神阿瑞斯，爱与美神阿芙洛狄忒正亲密地与他耳语；在这对爱侣的后面，戴着帽子的是神使赫尔墨斯；最右边还有一幅农神食子的画面。

经过时代的变迁，古希腊神话与古罗马神话几乎融为了一个体系，其中相对应的神祇除了名字的差异外，相关的故事在大体上也趋于一致。两处对各个神祇不同程度的敬仰，让神祇的形象变得更加丰满。古希腊罗马诸神更加强调神性，他们拥有强大的力量，对于世界是绝对的支配。但神祇之间的相处，又映射出许多人类在处理自身关系中暴露出的性格缺陷。在古希腊罗马神系中，神与人的关系似乎形成了一种力与力的相互回馈，人类丝毫不掩饰自己的道德缺点，以此为基础加上了超自然力量塑造出以宙斯为主导的一众神祇，而又相信正是这些不完美的神祇再次塑造了不完美的人类。

创世神话
CREATION MYTH

混沌　原始神　第一代神王　第二代神王　第三代神王

神造人是各种神话里人类对于自身起源的一个猜想……
那么在神造人之前，神灵又从何处而来？

混沌·创世纪
伊凡·艾瓦佐夫斯基
(Ivan Ayvazovsky)

《神谱》作者
赫西俄德
HESIOD

古希腊著名诗人，活动于公元前8世纪至公元前7世纪初期。他的重要作品为《工作与时日》和《神谱》，分别教导农业知识和叙述希腊神话的起源。他的作品对古希腊文学和欧洲文化产生深远影响。

古希腊的创世神话里认为世界最原始的状态是混沌，它没有形貌，没有性别，但它可以独自孕育生命。因此混沌后来作为第一个创世神被拟人化，赋予了"卡俄斯"之名。赫西俄德的《神谱》中提到混沌独自孕育的第一个生命是大地女神盖亚，而后在地下又孕育出了无尽的深渊塔尔塔罗斯。在塔尔塔罗斯之上又还在盖亚之下这块地方诞生了代表黑暗与黑夜的神灵厄瑞玻斯与倪克斯，此后这块中间之地又被称作冥界。世界的形成开始初现雏形，为了进一步的繁衍，代表爱欲的神灵厄洛斯开始产生，这是希腊的创世神话里最原始的五个存在。在此之后，大地的化身盖亚生下了与她相对的天

有关长诗语法、背景等页边注释　　《神谱》的566行至586行诗，讲述普罗米修斯盗取火种与潘多拉诞生的故事。

赫西俄德《神谱》希腊文手稿
GREEK MANUSCRIPT OF HESIOD'S
THEOGONY

赫西俄德 (Hesiod)
威尼斯，圣马可图书馆

空化身乌拉诺斯，还有倚靠着她的海洋化身蓬托斯与山脉化身乌瑞亚；而黑暗之神厄瑞玻斯与黑夜女神倪克斯结合生下了太空之神埃忒尔与白昼女神赫墨拉；这些都是我们最常提到的一些原始神。

然而，俄耳甫斯教还为希腊的创世神话引进了另外三个原始神。他们认为在混沌之前，时间与定数才是这个世界本身固有的东西，因此出现了时间的化身柯罗诺斯与代表必然性的女神阿南刻。而柯罗诺斯创造了一颗宇宙蛋，代表生育与创造的神灵法涅斯从其中破壳而出，自他开始创造世间万物，这是俄耳甫斯教所认为的第一个创世神。这些神灵主要出现在这个教派所流传的希腊创世神话里，并不出现在如今普遍的希腊创世神话中。但因时间的化身柯罗诺斯与盖亚之子泰坦神克罗诺斯的名字相似，后世不少人将他们混淆，柯罗诺斯本来也是没有形体的原始神，后世艺术家却将他的形象刻画为拿着镰刀的时间老人，镰刀的标志很有可能是来自代表丰收的泰坦神克罗诺斯。

从宇宙初始的无序走向有序，众神之中也开始有了等级确立的雏形。由地母盖亚独自孕育的天神乌拉诺斯悬浮于她的上方，因其强大的力量被奉为古希腊神话中的第一代神王。乌拉诺斯性欲旺盛，时常下落覆盖住大地之母与她结合，地母因此又诞下了一些孩子——十二泰坦，三位独眼巨人与三位

▲ 黑夜（黑夜女神倪克斯）
THE NIGHT

威廉-阿道夫·布格罗（William-Adolphe Bouguereau）
1883 年
208.2 cm × 107.3 cm
布面油画
华盛顿，希尔伍德庄园、博物馆和花园展览馆

| 雅努斯 | 维多利亚 / 尼刻 | 柯罗诺斯 | 盖亚 |

维多利亚、雅努斯、柯罗诺斯与盖亚
VICTORY, JANUS, CHRONOS AND GAIA

朱利奥·罗马诺（Giulio Romano）
1532—1534 年
37.5 cm × 31.8 cm
羽毛笔和墨水画
洛杉矶，盖蒂中心

这幅作品中有四位神祇在云端向下眺望，怀里拿着一把钥匙的是雅努斯，他是罗马神话中房门和城门的守护神，在希腊神话里没有与之相对应的神祇。他有两张面孔，能同时看向两边，因此又被称为双面神。在他的上方，长着翅膀、手持王冠的是罗马神话中的胜利女神维多利亚，对应希腊神话中的胜利女神尼刻。中间手握镰刀的老人是时间的化身柯罗诺斯，环绕在他身上的蛇衔着自己的尾巴，这种衔尾蛇代表着永恒。蹲在柯罗诺斯脚下抓着另一条蛇的是大地之母盖亚。

神域之书 13

创世神话
CREATION MYTH

混沌　原始神　第一代神王　第二代神王　第三代神王

克罗诺斯步上父亲的后尘，属于他的时代在下行……
神明的历史簿上，第三代诸神正在崛起。

乌拉诺斯与繁星之舞
卡尔·弗里德里希·申克尔
(Karl Friedrich Schinkel)

克罗诺斯为了防止自己的孩子篡位，会把妻子刚生下的孩子吞之入腹，在这个作品中他正带走两个婴孩。

瑞亚将布裹着的石头交给克罗诺斯
RHEA PRESENTS CRONUS THE STONE WEAPPED IN CLOTH

克罗诺斯与乌拉诺斯
CRONUS AND URANUS

百臂巨人。但乌拉诺斯嫌弃巨人们样子长得奇怪，又将这些孩子关入了地狱深渊塔尔塔罗斯。盖亚听到囚困于地底之下的孩子们在痛苦地悲鸣，她也心绪难安，忧伤不已，而乌拉诺斯依旧像无事发生一样经常下来与盖亚结合。终于有一天盖亚再无法忍受，她趁着乌拉诺斯暂时脱离她的身体，用灰燧石制作了一把镰刀，再将没有被关进塔尔塔罗斯的泰坦孩子集结起来，问他们之中有谁愿意用这把镰刀帮助她去制裁他们的父亲。泰坦神们对强大的父亲很是惧怕，面对母亲的请求，他们一时之间都有些犹豫不决。而这时，最小的泰坦神克罗诺斯站了出来，扬言他愿意帮助母亲。

于是克罗诺斯获得了这把镰刀，在后世的艺术作品中，克罗诺斯经常手持镰刀，被奉为丰收之神的缘故也可能由此而来。根据母亲盖亚的指示，克罗诺斯带着镰刀埋伏在大地的某一处。等到乌拉诺斯再次落下接近大地母亲时，克罗诺斯手起刀落，将他的阳具割下丢进了大海。这一刀痛得乌拉诺斯直直向上升去，再也不敢下来，乌拉诺斯从此成了永远高悬于大地的天空。克罗诺斯正式地完成了天地分离之举，在此之后，他接替了父亲的地位，成为了古希腊神话中的第二代神王。

身居高位者不想失去权势，总是杞人忧天，害怕自己有一天要从高位上跌下来，克罗诺斯也不例外。让他最忌惮的就是自己的孩子，毕竟他与父亲就是一个活生生的例子。有了前车之鉴，克罗诺斯就要比父亲做得更甚更绝。于是妻子每生下一个孩子后，他就要把这个孩子吞入腹中，这才有了"农神食子"一说。宙斯是克罗诺斯最小的儿子，他在母亲的帮助下逃离了父亲的血口，长大以后推翻了克罗诺斯的统治。作为第三代神王，宙斯为世界创立了新的秩序，他与他统领的新一代诸神在古希腊神话中留下了最浓墨重彩的一笔。

画中故事

农神吞噬其子
SATURN DEVOURING A SON

彼得·保罗·鲁本斯（Peter Paul Rubens）
1636—1638 年
182.5 cm × 87 cm
布面油画
马德里，普拉多博物馆

克罗诺斯是丰收之神，在罗马神话中对应的形象是农神萨图恩（Saturn）。在这里，萨图恩正如野兽一般撕咬着手中孩子的身体，而这个孩子扭动着，试图挣脱桎梏，脸上正惊恐地发出求救的信号。"Saturn"又有土星之意，这幅画的最上面有三颗星星，中间最大最亮的一颗被认为是土星，旁边两颗小一些可能是土星环（在当时由伽利略第一次观察到土星环，但他没有辨认出是环，只觉得土星旁边有两个紧挨着它的"耳朵"。）

伽利略曾在书信中（上图红圈处）表示他发现了土星由三个星体组成，并粗略地勾勒出了它的轮廓。

圆盘：巨人的陨落
PLATE: THE FALL OF THE GIANTS

弗朗切斯科·杜兰蒂诺
(Francesco Durantino)
1543 年
维也纳，应用艺术博物馆

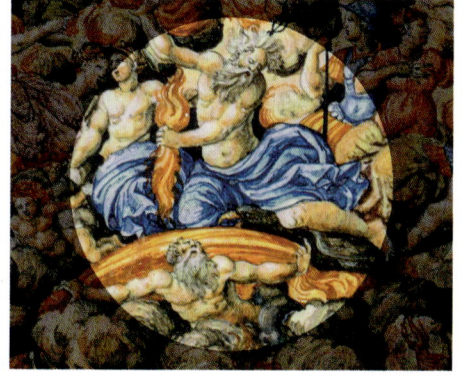

盘子上描绘了两代神之间的战争，这场战役又称"泰坦之战"或"巨人之战"。云上的是以宙斯为首的新一代诸神，云下的则是以克罗诺斯为首的泰坦神，这场战役以新一代诸神的胜利而告终，而这一事件也被称为"巨人（泰坦）的陨落"。

神域之书
15

奥林匹斯十二神
TWELVE OLYMPIANS

　　奥林匹斯十二神是古希腊罗马神话中最备受崇拜的十二位神祇。在传统上，这些神祇居住在奥林匹斯山上，因此被称为奥林匹斯十二主神。只有海神波塞冬是个例外，他大部分时间还是深居海中。根据不同书籍的记载，十二主神的名单也略有不同，但最普遍流传的还是由宙斯、赫拉、波塞冬、雅典娜、阿波罗、赫尔墨斯、阿尔忒弥斯、阿芙洛狄忒、阿瑞斯、赫淮斯托斯、得墨忒尔以及赫斯提亚或狄俄尼索斯组成。

王位上的宙斯 | JUPITER ENTHRONED
海因里希·菲格 (Heinrich Füger)
18—19 世纪 | 103 cm × 79 cm | 布面油画
布达佩斯,布达佩斯美术博物馆

宙斯
ZEUS

罗马名称：朱庇特（Jupiter）

父：克罗诺斯（Cronus） 母：瑞亚（Rhea）

职能：第三代神王，司掌天空与雷电

象征物

| 雄鹰 | 公牛 | 橡树 | 雷霆 |

宙斯（Zeus），在罗马神话中被称为朱庇特（Jupiter）。作为奥林匹斯山的主宰，他掌管着天空，能控制雷霆之力，拥有至高无上的力量；他修订世界的秩序与法律，甚至有权改写人神的命运；众神以他为首，任他统管与带领，人类希望得到他的庇护，视他为正义和光明。可宙斯却并非是一个十足的明君，他虽建造了一个有秩序的世界，却十分地自我，任何违抗他的人神，不符合他心意的事物，皆会被他降下惩罚。久而久之，受过他打击的神祇也曾尝试将其推翻取而代之，奈何无法敌过他的力量。比起争权夺势的种种，身为神王，宙斯最为人熟知的事迹却是他的风流情史；古希腊神话中，无论是天上地下备受敬仰的神明，还是人间赫赫有名的大英雄，无一不和宙斯沾点亲缘关系，他可以说是整个古希腊神话的脉络中心。

宙斯的起源和亲缘关系 - I
ORIGIN AND RELATIVE OF ZEUS - I

人类世界要经历从蛮荒走向文明，神明世界的构建也相差无几。

作为瑞亚从克罗诺斯口中保下的唯一一个孩子，宙斯的成长代表着神明世界的变革，野蛮的统治即将被新的秩序和文明所替代……

宙斯的诞生

克里特岛
CRETE

迪克特山洞如今又被称为灵能洞，位于克里特岛东部的拉西锡高原上。洞穴分上层与下层，上层是普通的岩石洞，下层布满钟乳石与石笋，还有一湖泊，湖中心竖起一块大钟乳石，被称为"宙斯的斗篷"。

---

1. 枯瑞忒斯（Kuretes）：多人统称，穿着盔甲的舞者，主要进行击鼓及跳舞的活动，瑞亚的追随者。
2. 宁芙（Nymph）：古希腊神话中自然的女性化身，常出没于原野、水泽、大山、森林等地方，又被称为自由的仙女或精灵。
3. 阿玛尔忒娅（Amalthea）：古希腊的一位女性神祇，经常以山羊的形象出现，宙斯的养育者，传闻说她也是宁芙仙女之一。

右图中：两位女神抱着刚出生的宙斯，左上角是克罗诺斯，周围的枯瑞忒斯正在敲打他们的铃鼓大镲，以防止克罗诺斯听到婴儿出生的啼哭，瑞亚随后将宙斯交由枯瑞忒斯看护。

克罗诺斯成为第二代众神之王后，他与同为泰坦神的姐姐瑞亚结合，生下了六个孩子。前五个孩子无一幸免，皆被克罗诺斯吞入腹中。瑞亚无法忍受克罗诺斯的残暴行径，在第六个孩子即宙斯出生之时，瑞亚用一块石头代替了尚在襁褓的宙斯让克罗诺斯吞下。据伪阿波罗多罗斯的《书库》记载，瑞亚最小的儿子宙斯诞生于克里特岛的迪克特山洞中，她的侍从枯瑞忒斯[1]用枪矛与盾牌相撞击，以掩盖婴儿的哭啼，随后她用襁褓包住一块石头伪装成是新生的小孩，哄骗克罗诺斯将其吞下，而宙斯则由宁芙[2]仙女养育长大，喂以山羊神女阿玛尔忒娅[3]的奶。

被枯瑞忒斯抚养的朱庇特
JUPITER RAISED BY THE KORYBANTES
诺埃尔·科佩尔（Noël Coypel）
1701—1705年 | 布面油画 | 317 cm × 201.5 cm
巴黎，凡尔赛宫

宙斯的婴儿时期
THE INFANCY OF ZEUS

尼古莱斯·彼得松·伯彻姆
(Nicolaes Pieterszoon Berchem)
1648 年 | 布面油画 | 202 cm × 262 cm
海牙,莫瑞泰斯皇家美术馆

婴儿宙斯躺在宁芙仙女的腿上小憩,宁芙仙女伸出手制止山羊阿玛尔忒娅的靠近,怕她打扰到宙斯的午睡,一旁的精灵脸上挂着笑容,正抱着牛奶避免它洒出来。

◀ **养育朱庇特**
THE NURTURE OF JUPITER

尼古拉·普桑 (Nicolas Poussin)
17 世纪 30 年代中期 | 布面油画 | 96.5 cm × 121cm
伦敦,杜尔维治美术馆

画面中粗壮的牧羊人正禁锢着山羊头,一位仙女抬起山羊的腿让宙斯吸吮羊奶,而另一位仙女正在树上采集蜂蜜。

宙斯的起源和亲缘关系 - II
ORIGIN AND RELATIVE OF ZEUS - II

在救出自己的兄弟姐妹后，宙斯借助另一些巨人的力量，打败了以克罗诺斯为首的泰坦一族。
泰坦之战后，神王易主，而名为堤丰的怪物正在苏醒……

泰坦之战

独眼巨人 CYCLOPES

独眼巨人的头像
HEAD OF CYCLOPES

公元前 150 年或之后
雕塑
波士顿，波士顿美术馆

独眼巨人的一只眼睛生长在他们的额头中间，他们体格高大、力大无穷，是技艺高超的工匠。据说在火与工匠之神赫淮斯托斯（Hephaestus）出生之前，奥林匹斯山上诸神的武器都是由他们来打造的。而在赫淮斯托斯出生之后，他们的角色变成了帮手，在赫淮斯托斯的手底下工作。

▲ **泰坦的陨落** | FALL OF THE TITANS
科内利斯·凡·哈尔姆（Cornelis van Haarlem）
1588 年 | 239 cm × 307 cm | 布面油画
哥本哈根，丹麦国立美术馆

◀ **巨人的陨落** | FALL OF THE GIANTS
雅各布·乔登斯（Jacob Jordaens）
1636—1638 年 | 171 cm × 285 cm | 布面油画
马德里，普拉多博物馆

当宙斯成年后，为了对抗父亲克罗诺斯，他把哥哥姐姐们都从父亲的肚子里解救了出来，其中包括冥王哈迪斯、海神波塞冬、灶神赫斯提亚、农神得墨忒耳以及神后赫拉，泰坦之战一触即发。但克罗诺斯同样有其兄弟姐妹泰坦神的支持，这让宙斯在战争中节节败退。一筹莫展之际，宙斯去寻求了同为盖亚子女的独眼巨人与百臂巨人的帮助，他们从一出生就被父亲乌拉诺斯认为是丑陋的怪物而被关在塔尔塔罗斯深处。宙斯将他们拯救出来后，独眼巨人送给宙斯雷霆，送波塞冬三叉戟，送哈迪斯隐形头盔。在他们的帮助下，宙斯成功推翻了父亲克罗诺斯的统治，成为了第三代神王。赫西俄德的《神谱》中记载了三位独眼巨人，布戎忒斯为宙斯锻造雷霆，斯忒罗佩斯赠予它闪电，阿耳戈斯则加上了雷电隆隆的声音，而他们统称为库克洛佩斯（Cyclopes）。

堤丰 | TYPHON

文策斯劳斯·霍洛（Wenceslaus Hollar）
7 cm × 10 cm
雕刻版画
多伦多，托马斯费雪善本图书馆

宙斯处于陶器纹样左侧，手持雷霆，对长着蛇足羽翼的堤丰作出攻击的姿态。

宙斯对抗堤丰 | ZEUS BATTLING TYPHON

威廉·布莱克（仿约翰·菲斯利）（William Blake after Henry Fuseli）
1795 年 | 21.1 cm × 17 cm | 雕刻版画
纽约，大都会艺术博物馆

宙斯将泰坦之战落败的泰坦神关进了塔尔塔罗斯，大地之母不忍自己的孩子沦落至此，对宙斯的这个决定很不高兴，于是她与塔尔塔罗斯生下一个名叫堤丰（TYPHON）的怪物。据说它是一条巨蟒，长着百来个蛇头，每个蛇头都会喷出烈焰。堤丰带着强大的力量出生，诞生之时，发出的怒吼让生灵惊骇，宙斯察觉了这一异样，决心要将这一怪物制伏。他们在大地之上较量，堤丰喷出狂风烈焰，宙斯打出雷霆闪电，两股力量相互冲撞，撼得世间地动山摇，海水翻涌，就连深至冥界之下的塔尔塔罗斯也能听到其动静。可是最终，宙斯还是更胜一筹，而落败的堤丰也被他打下了塔尔塔罗斯，大地之母只能暗自啜泣。堤丰出生的使命似乎就是注定要与宙斯为敌，除了要将困于深渊的兄弟姐妹解救出来，他存在的意义更多的是要代表最原始的自然力量将宙斯建立起来的秩序文明重新推翻，让世界回归最原始的混沌之中。这一战并非雁过无痕，堤丰在世间留下了一股狂风，这股狂风总是时不时席卷海面，将过往的船只掀覆。而如今，堤丰的神话传说经常被认为是"台风"名字的来源。

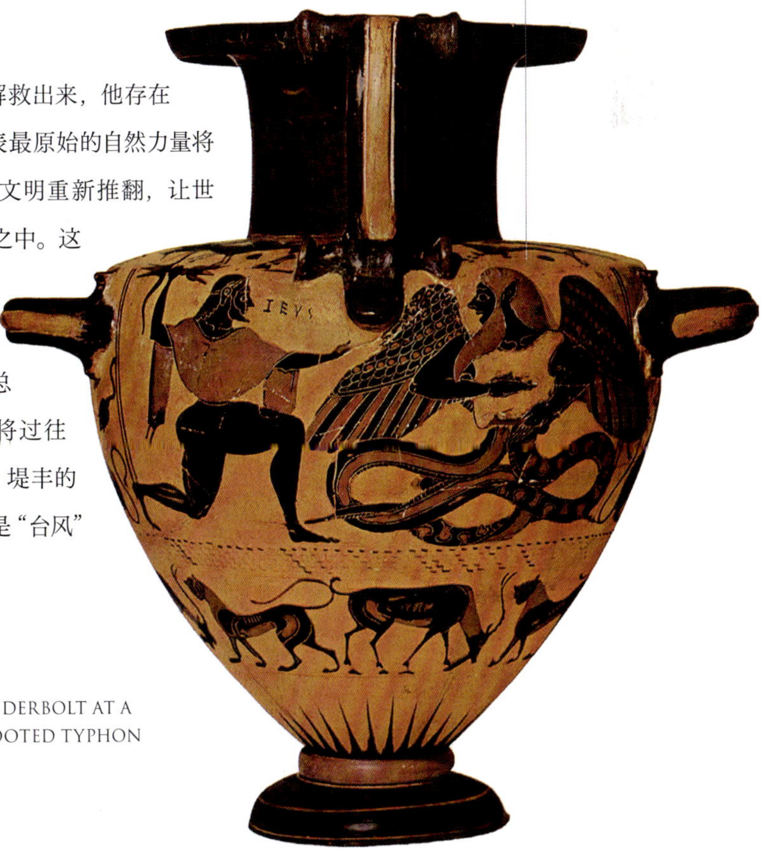

宙斯将雷霆对着
长有翅膀与蛇足的堤丰 ▶
ZEUS AIMING HIS THUNDERBOLT AT A WINGED AND SNAKE-FOOTED TYPHON

公元前 540—公元前 530 年
黑彩陶器
慕尼黑，州立古典珍品陈列馆

神域之书

23

宙斯的形象特征、职能或技能
CHARACTERISTICS AND ROLES OF ZEUS

手持雷霆手杖

胡须

健硕的体态

雄鹰驻足于身旁

宙斯/朱庇特（ZEUS / JUPITER）

神职：秩序与法律之神、天气与雷电之神

掌管领域：天空

武器：雷霆手杖

形象：健硕的成年男性，留有深色的胡须

宙斯青铜雕像

　　宙斯作为奥林匹斯山的主宰，只独掌天空，海洋与冥界由他的两个兄弟波塞冬与哈迪斯所负责，人间事务大家皆可插手；但作为众神之王，宙斯依然是至高无上的存在，他为世界制定秩序和法律，一众子女奉行与守护他的意旨，因此宙斯被称为秩序与法律之神；在泰坦之战中宙斯获得了武器雷霆，能够呼风唤雨，招雷引电，因此也被称为天气与雷电之神。在艺术作品中，他的形象通常为一个健硕男子，留有深色的胡须，且少不了两个元素：雄鹰和雷霆手杖。鹰有勇猛、自由、热血和胜利的象征，作为百鸟之王盘旋在天空，十分符合宙斯作为天空主宰的身份；用来象征宙斯的还有橡木，代表力量与不朽。可因宙斯众多的风流韵事，宙斯的艺术形象还可能是各种非人的形态，皆是他追求情人的化身，像鹰隼、天鹅、白牛与金雨等。

神域之书

被众神簇拥着的宙斯，手持雷霆坐于云上

火难降临时，惊恐与慌乱的人类

失控的太阳战车

▲ 辉腾的陨落 | THE FALL OF PHAETON

汉斯·罗滕哈默（Hans Rottenhammer）
1604 年
39 cm × 54.5 cm
海牙，莫瑞泰斯皇家美术馆

画中描绘宙斯的幅面并不大，可依然清晰可辨。这幅画的背景是辉腾为了证明自己与太阳的关系，向父亲赫利俄斯请求驾驶太阳战车一天，太阳神赫利俄斯劝说他并没有驾车的能力，不要任性而为。可辉腾并不听劝告，偷偷驾上了太阳战车，但在驾驶时由于慌乱导致战车失控，给人类带去了气候的灾难。画中可以看出地上的人们正处于慌乱和惊恐之中，为了平息这场灾难，宙斯不得不用雷霆将辉腾杀死。画中的右上角是失控的太阳战车，而左上角被众神簇拥着的，一手举起雷霆，眼睛望着右上方向的神便是宙斯，他的身后还有象征着他身份的雄鹰。

云端王位上，朱庇特骑着他的鹰
JUPITER, ON HIS EAGLE, ENTHRONED IN THE CLOUDS

史特拉丹奴斯（Stradanus）
1588 年
羽毛笔和棕色墨水，白色提亮
17.6 cm × 12.3 cm

宙斯惩罚卡帕纽斯
ZEUS PUNISHING KAPANEUS

乔瓦尼·卡兰德雷利（Giovanni Calandrelli）
1816—1827 年
3.4 cm × 3.9 cm × 0.3 cm
宝石浮雕
洛杉矶，盖蒂中心

神域之书
25

宙斯的主要事迹 - I
FAMOUS STORIES OF ZEUS - I

ZEUS AND IO
宙斯与伊娥

伊娥是阿尔戈斯国王伊纳科斯的女儿，也是赫拉神庙的一个女祭司，宙斯爱上她后对她展开了疯狂的追求，伊娥却拒绝了宙斯，还因为害怕他而开始逃跑。宙斯见状并没有消停，反而变本加厉，幻化成雷云去追赶她，把她包裹了起来。凡间这一大片的雷云引起了天后赫拉的注意，她猜测到肯定是风流成性的丈夫又在人间留情。于是，她驾车来到凡间，命令这朵雷云赶紧散开。宙斯知道自己瞒不过妻子，便变了回去，又把伊娥变成了一头白牛，妄想侥幸骗过赫拉，可赫拉清楚宙斯的心思，于是她向宙斯表示她十分中意这头白牛，希望宙斯能送给她，宙斯虽然不舍得，但为了自己的谎言不被揭穿，还是忍痛将白牛给了赫拉。

画中故事

朱庇特与伊娥
JUPITER AND IO

安东尼奥·达·科雷吉欧
(Antonio da Correggio)
1530 年
162 cm × 73.5 cm
布面油画
维也纳，艺术史博物馆

这幅画中可以看到一片雷云中有个人脸，搂住伊娥腰的云像只巨大的手，这正是宙斯幻化用来追捕伊娥的雷云。

伊娥被父亲辨认出来
IO RECOGNISED BY HER FATHER

维克托·奥诺雷·汉森斯 (Victor Honoré Janssens)
17 世纪下半叶
71 cm × 92 cm
布面油画
私人收藏

赫拉发现宙斯与伊娥
HERA DISCOVERING ZEUS WITH IO

彼得·拉斯特曼 (Pieter Lastman)
1618 年
54 cm × 78 cm
木板油画
伦敦，国家美术馆

这幅作品中赫拉乘着孔雀牵的座驾居于左上方，神色凌厉，她的神使和小爱神正准备把白牛拖走，而宙斯居于画的右下方，看起来有些心虚，手却紧紧抓在白牛的头上，看出他面对赫拉时有些窘迫，心里却依旧对伊娥恋恋不舍。

宙斯的主要事迹 - II
FAMOUS STORIES OF ZEUS - II

THE ABDUCTION OF EUROPA
诱拐欧罗巴

关于宙斯和欧罗巴的故事，也是欧洲名字由来的一个传说。欧罗巴是腓尼基的公主，宙斯为她的美丽着迷，也不管欧罗巴的意愿就私自对她进行了绑架。欧罗巴与侍女在外采花时，宙斯把自己变成了一头白色的公牛，混在腓尼基国王的牧群中，欧罗巴看到这头漂亮、温顺的白牛，亲切地抚摸它并骑到了它的背上，而宙斯便趁着这个机会，驮着欧罗巴便向着大海乘浪奔去，最终来到了克里特岛。宙斯在岛上向欧罗巴表明了自己的身份，并与她生下了克里特岛著名的国王米诺斯，还赠予她由火神赫淮斯托斯打造的项链和其他三件礼物：青铜自动守卫塔洛斯、从未失手的猎犬拉拉普斯与百发百中的标枪，欧罗巴是克里特岛的第一位女王，这块大陆开始以欧罗巴的名字命名，也就是如今俗称的欧洲。

诱拐欧罗巴
THE ABDUCTION OF EUROPA

吉恩·弗朗索瓦·代·特洛伊
(Jean Francois de Troy)
1716 年
65.7 cm × 82.2 cm
布面油画
华盛顿，国家艺术馆

这幅画描绘了奥维德《变形记》中宙斯诱拐欧罗巴的场景，最左边的小孩是小爱神丘比特，他正欢快地牵着白牛角上的花环，意欲向前方明朗的大海前去，这头白牛的脸上洋溢着欢喜、兴奋和迫不及待，而他背上的欧罗巴却显得有些慌乱，右边的三位侍女脸上更是带着惊恐和无措，纷纷伸出手去想把她们的公主留下来。

小爱神丘比特　　化身白牛的宙斯　　欧罗巴

宙斯的主要事迹 - III
FAMOUS STORIES OF ZEUS - III

DANAE AND GOLDEN RAIN
达那厄与金雨

达那厄是阿尔戈斯国王阿克里西俄斯的独女，但国王却因为自己一直没有儿子而苦恼，于是他向神祇祷告，却被神谕告知他永远也不会有儿子，并且他会被自己女儿的儿子所杀死。阿克里西俄斯心中害怕，因此下令把达那厄囚禁在一座铜塔中，路过的宙斯透过铜塔的天窗见到达那厄的美貌，对她倾心，于是化作金雨从天窗落下与她结合。不久后，达那厄生下了一个儿子——著名的英雄珀尔修斯。国王阿克里西俄斯知晓此事后，他本想将达那厄母子直接杀掉，但又怕引起神祇震怒，便下令将达那厄与珀尔修斯装进木箱扔进大海，让他们自生自灭。宙斯不忍于此，叫海神波塞冬将汹涌的大海平静下来，这对母子因此活了下来。

画中故事
达那厄 DANAE

让-巴蒂斯特·勒尼奥（Jean-Baptiste Regnault）
1829 年前 | 50.5 cm × 61.3 cm
布面油画

画中描绘的是年轻美丽的达那厄，她虽贵为公主，却躺在红绸床上流露出忧郁的神情。一扇天窗透出金色光芒，可见她正被关在暗黑的铜塔中，宙斯化作金雨从天窗落下。

达那厄与金雨
DANAE AND THE SHOWER OF GOLD

朱塞佩·帕塔尼亚（Giuseppe Patania）
1832 年
75.5 cm × 101 cm
布面油画
巴勒莫，现代艺术博物馆

达那厄与金雨
DANAE AND THE SHOWER OF GOLD

奥拉齐奥·真蒂莱斯基（Orazio Gentileschi）
1621—1623 年 | 161.5 cm × 227.1 cm | 布面油画
洛杉矶，盖蒂中心

宙斯的主要事迹 - IV
FAMOUS STORIES OF ZEUS - IV

掠夺伽倪墨得斯 | THE RAPE OF GANYMEDE
彼得·保罗·鲁本斯 (Peter Paul Rubens)
1636—1637 年 | 181 cm × 87.3 cm | 布面油画
马德里,普拉多博物馆

ZEUS AND GANYMEDE
宙斯与伽倪墨得斯

在宙斯的众多情人中,有一位十分地与众不同,那就是伽倪墨得斯,他是宙斯唯一的一个男性情人。伽倪墨得斯是特洛伊的一位王子,相貌英俊不凡,他在一次放牧时被天上的宙斯瞧见,于是宙斯化身成一只巨鹰将其掳到奥林匹斯山。在得到这位貌美的男子后,宙斯赐予他青春与不朽,让他当了神的持杯人。而人间的特洛伊国王得知自己的儿子被抓走后,伤心不已,恳求天神把自己的儿子还回来。宙斯听见他的请求,派遣神使赫尔墨斯给特洛伊国王送去了神驾马匹,并告诉他伽倪墨得斯已列于神位,获得青春与永生,特洛伊国王得到安慰,并开心地认为这是莫大的荣幸。

奥林匹斯山上向众神介绍伽倪墨得斯
THE INDUCTION OF GANYMEDE IN OLYMPUS
查尔斯 - 阿米迪 - 菲利普·范·卢
(Charles-Amedee-Philippe van Loo)
1768 年
布面油画
波茨坦,新宫

宙斯把伽倪墨得斯带到奥林匹斯山,向诸神介绍,让他当神的持杯人,画中左边的第二位便是伽倪墨得斯,可以看见他正捧着一个酒杯,而他左边拿着酒壶的即是上一任的持杯人赫柏,她是宙斯与神后赫拉的女儿。坐在宙斯旁边的是雅典娜,而在雅典娜旁边正抓住小天使撒下的花的是女猎神阿尔忒弥斯。宴会上的神显然对他们拥有了一个年轻貌美的持杯人感到开心,而其中只有一位是不同的。画中与宙斯相对而坐的女人便是赫拉,她头戴皇冠,穿着蓝色的裙子,嘴角虽微微扬起,眼神却十足地忧伤和落寞,可见她对丈夫把伽倪墨得斯带回来这一举动并不乐意。

宙斯
- 扩展内容 -

HEBE
赫柏

| 青春女神 | 持杯人 |

宙斯与赫拉的女儿
代表古希腊勤劳保守、高阶级未婚女子的形象
象征神明的永恒与不朽

PAGE 30

柏（Hebe）是青春女神，拥有永恒的青春，在罗马神话中被称作朱文塔斯（Juventas）。赫柏是宙斯与赫拉的女儿，与同为宙斯女儿的雅典娜和阿尔忒弥斯不同，赫柏几乎没有任何在奥林匹斯山外的故事，她代表了古希腊勤劳保守、高阶级未婚女子的形象，她喂养父亲的鹰，帮母亲驾车，照顾受伤的哥哥阿瑞斯，做着一些琐碎的家务。赫柏的职位是神的持杯人，在宴会中，她负责替诸神斟满蜜酒，她的存在象征着神明的永恒与不朽，在与大力神赫拉克勒斯结婚后，持杯人的职位便转交给了伽倪墨得斯。不少神明曾为他们喜爱的凡人会变老一事而深感遗憾，但赫柏却拥有赐予凡人长生的能力，所以她也备受尊敬与崇拜。在艺术作品中，赫柏的形象通常头戴花环，手里捧着金杯或金碗，有时宙斯的鹰也会在她身旁。

朱诺 | JUNO
约瑟夫·佩林克 (Joseph Paelinck)
1832 年 | 237.4 cm × 154.6 cm | 布面油画
根特，根特美术馆

赫拉
HERA

罗马名称：茱诺（Juno）

父：克罗诺斯（Cronus） 母：瑞亚（Rhea）

职能：母神，司掌婚姻、生育、妇女之事

象征物

孔雀　　　　　　皇冠　　　　　　石榴

赫拉（Hera），在罗马神话中被称为茱诺（Juno）。宙斯虽有数不尽的外遇和情人，但赫拉是被公认的宙斯的正妻，所以也常称她为神后或天后。在神话故事中，赫拉几乎都被描绘成一个善妒的妻子；可在与宙斯结婚之前，赫拉性情温和良善，对万物皆有慈悲之心，宙斯也是利用了这一点追上了赫拉，他幻化成淋了雨的杜鹃获取了赫拉的怜爱。而造成赫拉婚前与婚后性格巨大转变的罪魁祸首正是宙斯，他一次又一次的出轨之举让赫拉忍无可忍，因此赫拉似乎一直在迫害宙斯情人与其孩子的路上。甚至在计划推翻宙斯统治的行动中，赫拉还是主谋。但抛开宙斯妻子的身份，她也是一个掌管着婚姻、生育、妇女之事的神。努力去维护她的婚姻，忠于她的婚姻，似乎是她的职责，因此赫拉的形象也具有双重色彩。

赫拉的起源和亲缘关系
ORIGIN AND RELATIVE OF HERA

因为宙斯，赫拉的身份变得复杂而多面。她既是姐姐，又是妻子，既要体现母神的慈爱，又要展现神后的威严，还要时刻对婚姻进行坚守和捍卫，矛盾在赫拉身上无法完美自洽，让她总是显露出丰富激烈的情感……

神庙的历史

阿格里真托的茱诺·拉西尼亚神庙
THE TEMPLE OF JUNO LACINIA AT AGRIGENTUM

威廉·史丹利·哈瑟汀
(William Stanley Haseltine)
1881 年
38.1 cm × 55.6 cm
水彩画
纽约，大都会艺术博物馆

这座茱诺·拉西尼亚神庙坐落于西西里岛的阿格里真托古城中，供奉神后赫拉（茱诺）。阿格里真托在希腊的黄金时代又叫阿克拉加斯，是大希腊[1]的主要城市之一，与宙斯和一个大洋神女所生的儿子同名。该神庙建于约公元前 450 年，采用的是多立克柱式（古典建筑常见三种柱式中最早的一种），阿格里真托古城中拥有许多的古建筑遗址，茱诺·拉西尼亚神庙经过不断的修复工作已经算得上是其中保存最为完好的。

1. 大希腊（Magna Graecia）：公元前 8 世纪至公元前 6 世纪，古希腊人在意大利半岛南部建立了一系列殖民城邦，大希腊是罗马人对这些地方的统称。

赫拉是宙斯的第七任妻子，但他们之间同时存在着另外一层关系：赫拉也是瑞亚和克罗诺斯的孩子。只不过不像宙斯那般幸运，赫拉一出生就被父亲克罗诺斯吞入腹中，宙斯从父亲肚子里解救出来的兄弟姐妹，其中一个就是赫拉。战神阿瑞斯、火神和工匠之神赫淮斯托斯与青春女神赫柏都是她与宙斯的孩子。

▲ 赫拉在赫淮斯托斯的屋子里
HERA IN THE HOUSE OF HEPHAISTOS

威廉·布莱克·瑞士蒙德
(William Blake Richmond)
1902 年
171.4 cm × 142.2 cm
布面油画
印第安纳波利斯，印第安纳波利斯艺术博物馆

神域之书

阿瑞斯与厄洛斯
ARES AND EROS
圭尔奇诺（Guercino）
1649 年 | 176.8 cm × 233.7 cm | 布面油画
辛辛那提，辛辛那提美术馆

赫柏喂养宙斯的鹰（图1）
HEBE FEEDING THE EAGLE OF ZEUS
朱塞佩·克拉夫纳拉（Giuseppe Craffonara）
1819—1821 年 | 77.2 cm × 61 cm | 布面油画
因斯布鲁克，蒂罗尔州立博物馆

空气的寓言（图2）
ALLEGORY OF AIR
安东尼奥·帕诺米诺（Antonio Palomino）
1700 年 | 246 cm × 156 cm | 布面油画
马德里，普拉多博物馆

这幅画属于为布恩雷蒂罗宫绘制的《四元素》系列的其中一幅，四元素分别是空气、水、土和火，而这幅画即是由天后赫拉所表现的空气元素，赫拉坐在浮云的座驾上，由她的孔雀领路，由彩虹女神伊里斯相伴，赫拉手上扬起的绸布，左下角小爱神吹的泡泡，这些都是空气元素的体现。

神域之书
35

赫拉的形象特征、职能或技能
CHARACTERISTICS AND ROLES OF HERA

皇冠

年轻女性样貌

浓密的卷发

孔雀

印有赫拉形象的卡片（1889年）

赫拉 / 茱诺（HERA / JUNO）

神职：母神、婚姻与生育之神

形象：浓密卷发的年轻女性，戴着王冠，身旁有孔雀

头戴孔雀头饰的赫拉戒指

  赫拉作为奥林匹斯山的神后，宙斯曾许诺与她共享权力，因此赫拉也能随意地招来风雨，聚散乌云。而作为一个掌管婚姻与生育的神，她会由衷地给婚姻的结合送去祝福，给出生的婴儿赐福。同样，她也毫不吝啬地捍卫婚姻，特别是自己的婚姻。由于宙斯过度风流，热衷捍卫好自己的婚姻这一点在赫拉身上特别明显，本来应是温柔、慈爱与祥和的母神也因此做过许多事，给自己带来了善妒、恶毒的标签。

  赫拉常常被描述为拥有一头浓密卷发的美丽女神，戴着王冠，是她天后的象征。她有洁白的双臂，炯炯有神的眼睛。在她左右，常常能够见着孔雀的身影，孔雀高傲美丽，代表赫拉的尊贵貌美。描绘赫拉的作品中也经常出现石榴，石榴多籽，寓意她是生育的女神，常伴赫拉出行的女神有彩虹的化身伊里斯、时序女神[1]与美惠三女神[2]。

1. 时序女神（Horae）：又称"荷赖"，掌管人间季节进程、自然时间与社会秩序。
2. 美惠三女神（Charites）：又称"卡里特斯"，代表着人间所有美好的事物与特质。

赫拉　　　　阿芙洛狄忒　　　　爱情腰带　　　　宙斯的武器雷霆

茱诺向维纳斯借腰带（图1）
JUNO BORROWING THE BELT OF VENUS
伊莉莎白·维杰·勒布伦（Elisabeth Vigee Le Brun）
1781年 | 147.3 cm × 113.5 cm | 布面油画

这幅画的背景是在特洛伊战争时，宙斯下令诸神禁止参与进凡人之间的战争，赫拉为了介入此次战争，特意去问美神阿芙洛狄忒借她的腰带增长自己的魅力来迷住宙斯，并借助睡神修普诺斯[3]之力使宙斯沉眠。画中戴皇冠的女人是赫拉，另一位戴花冠的女人是美神阿芙洛狄忒，她欣然地把腰带借给赫拉，她的儿子厄洛斯靠在她的身边。

3. 修普诺斯（Hypnos）：睡眠的化身，与孪生兄弟死神塔纳托斯居住在冥界。

朱庇特与茱诺 | JUPITER AND JUNO（图2）
安尼巴尔·卡拉奇（Annibale Carracci）
1597年 | 湿壁画

在这幅画中可以清楚地看到赫拉腰上系着那条爱情腰带，宙斯已然深深被她吸引，他的武器雷霆掉落在地上，象征着身份的鹰与孔雀都在他们的脚旁。赫拉用腰带的魅力使宙斯沉沉入睡后，便瞒着他开始介入特洛伊战争。

茱诺 | JUNO（图3）
安东尼奥·佩莱格里尼（Antonio Pellegrini）
1708—1733年 | 163.3 cm × 65.5 cm | 布面油画
温莎，温莎城堡皇家图书馆

茱诺与露娜 | JUNO AND LUNA

乔凡尼·巴蒂斯塔·提埃坡罗（Giovanni Battista Tiepolo）
1735—1745年 | 212.7 cm × 230.5 cm | 布面油画 | 休斯敦，休斯敦美术博物馆

这幅画是赫拉出行图，她驾着孔雀牵引的座驾，小爱神们在上面相伴，露娜头上有一个代表月亮的金色面具，用以识别她月亮女神的身份。她正在给天后赫拉出行开路，右上角是宙斯与神使赫尔墨斯，鹰与双蛇杖分别是他们的标志。

神域之书

37

赫拉的主要事迹 - I
FAMOUS STORIES OF HERA - I

IN LOVE WITH ZEUS
相恋宙斯

左侧坐在老鹰上的男性形象为宙斯

虽然赫拉是宙斯的三姐，但宙斯因为赫拉的美丽一直对她念念不忘。宙斯当上众神之王后，他为了接近赫拉，在赫拉前往索纳克斯山的路上，制造了一场暴风雨，随即又把自己变成了一只杜鹃，在大雨滂沱之时飞进了赫拉的怀里。赫拉怜爱它，便用自己的斗篷为它遮雨。雨停后，宙斯才变回人形向赫拉表明自己的心意，并给予赫拉娶她的承诺。此后，索纳克斯山又有杜鹃山之名。但婚后不久，宙斯便暴露了他滥情的本性，赫拉却对宙斯始终专情如一。赫拉肤白貌美，在奥林匹斯山上的众多女神中也十分出挑，若不是碍于天后的身份，她并不乏追求者；《书库》中记载了凡人伊克西翁追求赫拉的故事，但赫拉认为此举十分逾矩，并告知给了宙斯，最后伊克西翁被宙斯惩罚落下冥界。宙斯和赫拉付出给彼此的并非平等的爱，也不难想象之后赫拉性格的转变。

刻着茱诺与朱庇特的浮雕宝石（图1）
CAMEO WITH JUNO AND JUPITER
乔瓦尼·皮克勒（Giovanni Pichler）
18世纪末 | 3.8 cm × 2.9 cm | 玛瑙浮雕

朱庇特与茱诺（图2）
JUPITER AND JUNO
16世纪末 | 5.4 cm × 4.5 cm | 镀金青铜浮雕
克利夫兰，克利夫兰艺术博物馆

画中故事

拉庇泰国王伊克西翁妄想勾引茱诺反被茱诺欺骗
IXION, KING OF THE LAPITHS, DECEIVED BY JUNO, WHO HE WISHED TO SEDUCE

彼得·保罗·鲁本斯（Peter Paul Rubens）
1615年 | 175 cm × 245 cm | 布面油画
巴黎，卢浮宫

拉庇泰国王伊克西翁向邻国国王狄奥尼斯求娶他一位美丽的女儿。狄奥尼斯不想将女儿嫁给他，为了让他知难而退，便向伊克西翁索要巨额聘礼，没承想伊克西翁却爽快地答应了。待公主出嫁后，伊克西翁为了不履行承诺，设计将狄奥尼斯杀死。这一举动引起百姓们的愤怒，他们将伊克西翁驱逐出国，伊克西翁走投无路，祈求神祇原谅，宙斯见他可怜便邀请他到奥林匹斯山参加宴会，可胆大包天的伊克西翁竟看上了天后赫拉，甚至以言语挑逗，作为婚姻之神的赫拉对她的丈夫忠贞不贰，事情发生后，赫拉立马告诉了宙斯，宙斯心有疑虑，想了个办法去测试伊克西翁，他把一朵云捏成了赫拉的形状，伊克西翁并未看出异样立马扑了上去，宙斯见状大发雷霆，将他打下冥界受火轮之刑。

1 　　2

伊达山上的朱庇特与茱诺 | JUPITER AND JUNO ON MOUNT IDA

安托万·科伊佩尔 (Antoine Coypel)
1661—1722 年 | 74 cm × 92.1 cm | 布面油画

宙斯与赫拉在伊达山上完婚，画面中宙斯与他的鹰都深情地望着赫拉，赫拉的孔雀在天上盘旋，右下角还有小爱神在玩耍。宙斯是众神之王，画中的赫拉反而是比较有气势的一方，宙斯则靠在她的怀里，可以看出宙斯当时对赫拉确实是一片痴心。

朱庇特与茱诺形象的壁炉柴架
（仿亚历山德罗·阿尔加迪的模型）
ANDIRON WITH FIGURE OF JUPITER AND JUNO
(AFTER MODELS BY ALESSANDRO ALGARDI)

17 世纪末
高 115.6 cm | 青铜雕像
纽约，大都会艺术博物馆

右侧坐在孔雀上的女性形象为赫拉

火轮上的伊克西翁 | IXION ON A BURNING WHEEL

科内利斯·布洛马特 (Cornelis Bloemaert)
1655—1700 年，书籍插图

赫拉的主要事迹 - II
FAMOUS STORIES OF HERA - II

GOLDEN APPLE AND PARIS
金苹果与帕里斯

画中故事

珀琉斯与忒提斯的婚礼（图1）
THE WEDDING OF PELEUS AND THETIS

婚宴的主人珀琉斯和忒提斯出现在画面中央，珀琉斯深情凝视着忒提斯，但忒提斯脸上却丝毫没有成婚的喜悦，她神情忧愁，望着天空，显然对珀琉斯毫无情意。他们的背后正是促成这场婚礼的宙斯，他隐在后面的神祇中，正端详着手中的金苹果。

珀琉斯的盛宴（图2）
THE FEAST OF PELEUS

画中众神都注视着最右边的女神，她头上缠绕着毒蛇，背生黑翼，象征邪恶，她就是不和女神厄里斯。她带来的金苹果被神使赫尔墨斯拿在手中，上面写着"给最美的女神"。左边伸出手来的三位女神正是此次事件的主人公，戴花冠的是爱与美神阿芙洛狄忒，穿铠甲的是战神雅典娜，戴金冠的是天后赫拉。三位女神都认为自己才是最美的女神，要求宙斯来评断。而宙斯却显得有些为难，最终他把难题交给了一位凡人：帕里斯。

如果说希腊最美的女人海伦是导致特洛伊战争的直接原因，那么金苹果事件可以说是那根导火索，而金苹果事件与赫拉也有着十分紧密的联系。相传，宙斯得到一条预言：海洋女神忒提斯儿子的能力将会超过其父亲，而当时宙斯正在求爱这位海洋女神，为了不让忒提斯生下对自己地位有威胁的孩子，宙斯只好忍痛割爱，决定将她嫁给一个凡人，而这个凡人即是色萨利国王珀琉斯。在忒提斯与珀琉斯的婚礼上，独独不和女神厄里斯没有被邀请，可她却带着一个金苹果不请自来。

科内利斯·凡·哈尔姆（Cornelis van Haarlem）
1593 年 | 246 cm × 419 cm | 布面油画 | 哈勒姆，弗兰斯·哈尔斯博物馆

宙斯　忒提斯　珀琉斯

阿芙洛狄忒　雅典娜　赫拉　宙斯　金苹果　神使赫尔墨斯　不和女神厄里斯

爱德华·伯恩-琼斯（Edward Burne-Jones）
1872—1881 年 | 36.9 cm × 109.9 cm | 布面油画 | 伯明翰，伯明翰博物馆和美术馆

帕里斯的审判
JUDGEMENT OF PARIS
彼得·保罗·鲁本斯 (Peter Paul Rubens)
1632—1635 年 | 144.8 cm × 193.7 cm | 木板油画
伦敦，国家美术馆

帕里斯正在端详三位女神，他将决定金苹果最终的去处。神使赫尔墨斯正傍在帕里斯身后的树上，是他把帕里斯带过来的。画中的三位女神也非常好辨认，靠近盾牌的那位女神是雅典娜，中间的女神是爱与美神阿芙洛狄忒，小爱神厄洛斯在她的身后，而孔雀匍匐于脚上的女神自然就是天后赫拉。

帕里斯的审判
JUDGEMENT OF PARIS
彼得·保罗·鲁本斯 (Peter Paul Rubens)
1597—1599 年 | 74.5 cm × 133.9 cm | 木板油画
伦敦，国家美术馆

这幅画中帕里斯显然已经做出了他的抉择，在这之前，三位女神为了赢得这个金苹果，各自给帕里斯许下了承诺。赫拉许给他权力，阿芙洛狄忒许给他爱情，雅典娜许给他荣耀。而帕里斯选择了爱情，因为他认为权力与荣耀都可以依靠自己去取得，唯独爱情不可。而阿芙洛狄忒许给他的爱情便是希腊最美的女人海伦。画中三位女神依旧容易辨认，被厄洛斯搂住腿的便是阿芙洛狄忒，可以看到她头顶上还有一群小爱神在给她戴头冠，象征着她赢得了金苹果，背过身去的是雅典娜，她的脚旁放着她的盾牌，而左边那位头戴皇冠的女神便是赫拉，她的脸上带着怒气，仿佛想不通为何自己输掉了这次比赛，也想不通为何会有人放弃权力选择爱情。

神域之书
41

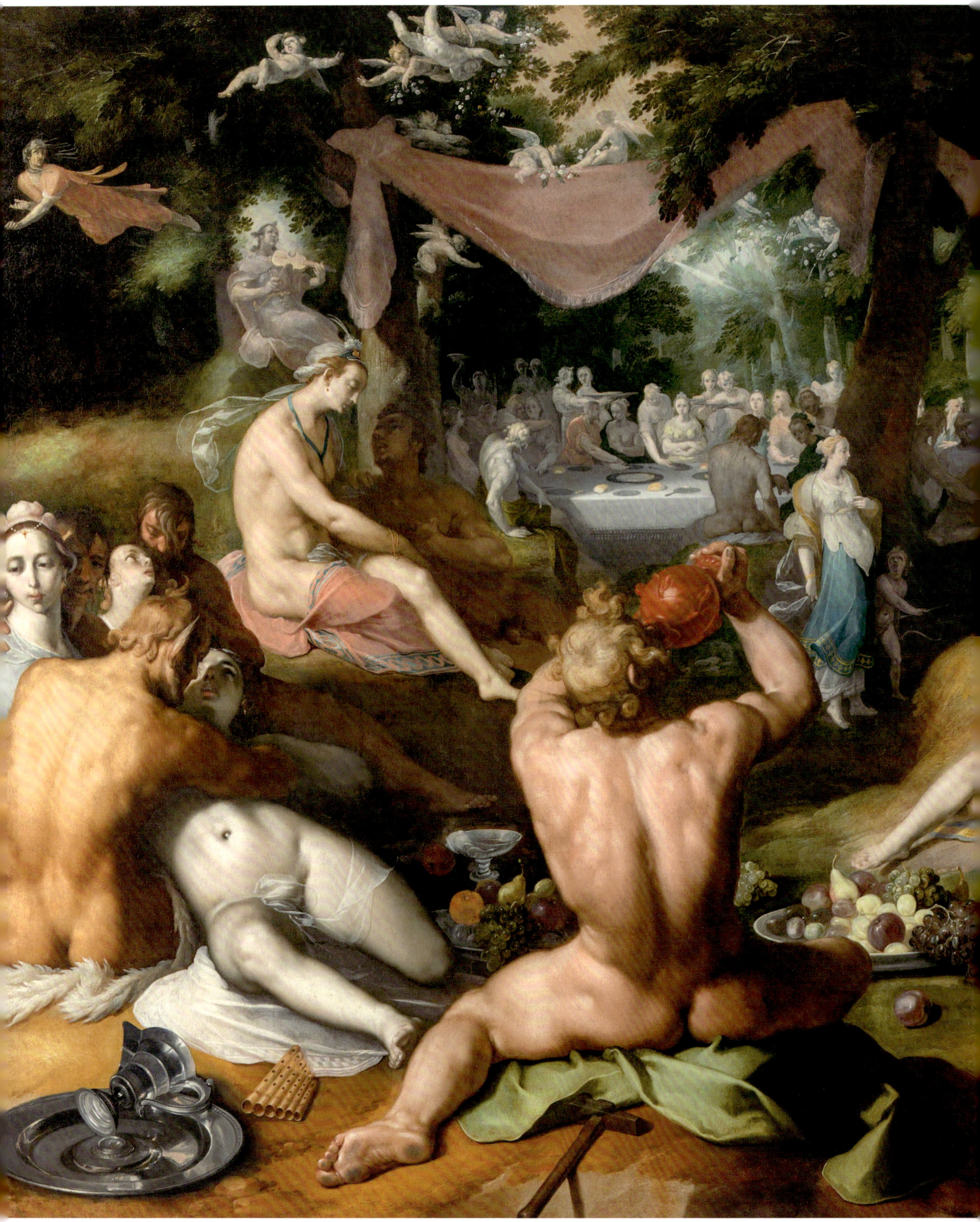

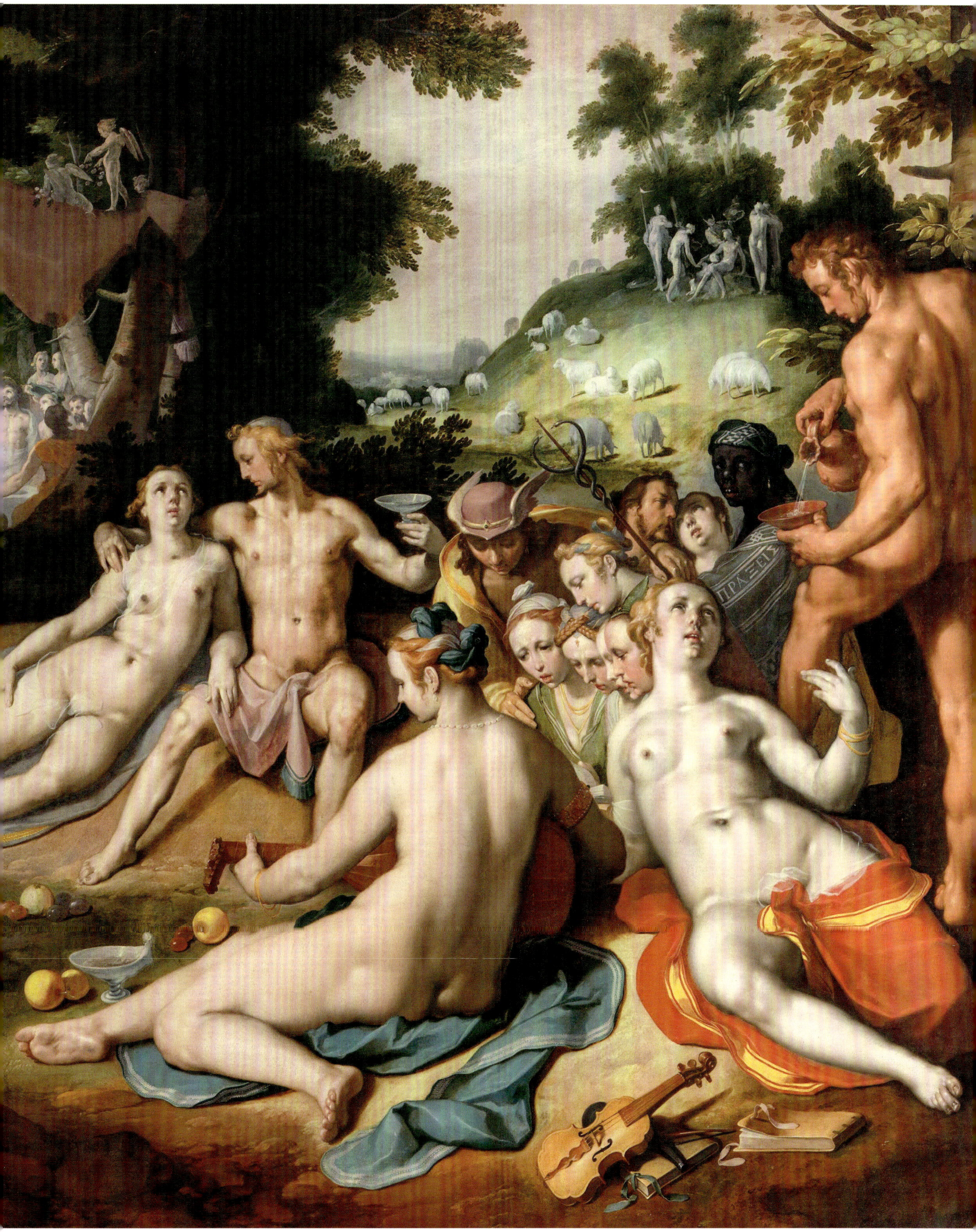
ΠΡΑΞΕΙΣ

赫拉的主要事迹 - III
FAMOUS STORIES OF HERA - III

HUNDRED-EYED PEACOCK
百眼孔雀

孔雀的尾巴有许多类似眼睛的花纹，在古希腊神话中，这些眼睛花纹的起源可以追溯到伊娥被赫拉带走后的故事。当宙斯迫于无奈把白牛交给了赫拉后，赫拉把这头白牛交给了阿尔戈斯看守，阿尔戈斯是百眼巨人，纵使一些眼睛闭上睡觉了，依然有一些眼睛能执行看守的职责，以防宙斯将伊娥带走。伊娥在阿尔戈斯的看守下，只能日日夜夜地重复吃草、喝水、睡觉，宙斯实在不忍心，找来了他的儿子神使赫尔墨斯来帮忙。

赫尔墨斯装扮成一位牧羊人，在阿尔戈斯看守的那片草地上吹起了牧笛，阿尔戈斯被笛声深深地吸引，开始与赫尔墨斯攀谈了起来，赫尔墨斯即利用笛声与讲故事的方式诱使阿尔戈斯入睡，尽管阿尔戈斯努力地想让自己的一些眼睛先睡着，一些眼睛继续看守，但还是没熬过赫尔墨斯的手段。等待阿尔戈斯将所有的眼睛全部闭上了，赫尔墨斯趁此机会用利剑割下了阿尔戈斯的头颅，最后送回给了赫拉。

画中故事

赫尔墨斯、阿尔戈斯与伊娥
HERMES, ARGUS AND IO

亨德里克·布洛马特（Hendrick Bloemaert）
1635 年
布面油画
乌德勒支，乌德勒支中央博物馆

赫尔墨斯　伊娥　阿尔戈斯

这幅画中赫尔墨斯、阿尔戈斯与伊娥三者无论是在位置上或是意图上都构成了一个三角形，赫尔墨斯一边吹着牧笛一边仔细地观察着阿尔戈斯是否入睡，企图趁机杀掉他；阿尔戈斯明明已经昏昏欲睡却依然背对观众面向伊娥，他依然谨记着自己看守的使命；而伊娥的眼睛却一直看着赫尔墨斯，期盼着他能成功带自己脱离这苦海。

茱诺把伊娥交予阿尔戈斯看守
JUNO CONFIDING IO TO THE CARE OF ARGUS

克罗德·洛林（Claude Lorrain）
1660 年 | 60 cm × 75 cm | 布面油画
都柏林，爱尔兰国立美术馆

宙斯将伊娥变成了一头美丽的白色小母牛，赫拉向宙斯索要她作为礼物，这幅画描绘了赫拉将伊娥交给百眼巨人阿尔戈斯看守的时刻，半跪在地上的是阿尔戈斯，这里他的形象被描画成了一个牧人，他一手捂胸，表情诚恳，正在向赫拉表明自己的忠心。

赫尔墨斯斩断阿尔戈斯的头后救出伊娥
HERMES RESCUES IO AFTER BEHEADING ARGUS

约翰·迈克尔·若特迈尔 (Johann Michael Rottmayr)
1685—1700 年 | 布面油画 | 81.3 cm × 125.2 cm
芝加哥，芝加哥艺术博物馆

这幅画中赫尔墨斯俨然不再是一位牧羊人的样子，他的双蛇杖拿在手上，还在洒落斑斑点点的血迹，他的绸布上、地上、伊娥的脸上都沾上了阿尔戈斯的血，而阿尔戈斯的头颅已滚落在地上，他腰间的牧笛说明他刚用计谋杀死了这个百眼巨人。

茱诺与阿尔戈斯
JUNO AND ARGUS

彼得·保罗·鲁本斯 (Peter Paul Rubens)
1611 年 | 249 cm × 296 cm | 布面油画
科隆，瓦尔拉夫·里夏茨博物馆

收到赫尔墨斯送来的阿尔戈斯的头颅，赫拉虽然生气，却也拿宙斯毫无办法，只能在伊娥身上继续出气，她让一只牛虻追着伊娥咬，几乎追遍了天涯海角。在这幅作品中，赫拉为了纪念百眼巨人，与神使一起把他的眼睛都镶在了孔雀的尾巴上。

▲ **赫尔墨斯将阿尔戈斯的头带给赫拉**
HERMES BRING THE HEAD OF ARGUS TO HERA

赫布兰德·凡·登·埃克霍特 (Gerbrand van den Eeckhout)
1672 年 | 39.9 cm × 31.2 cm | 布面油画
私人收藏

赫尔墨斯半跪在地上向赫拉呈上阿尔戈斯的头颅，象征他身份的双蛇杖放在了地上。神王宙斯在云上俯瞰着这一场面，赫尔墨斯已顺利完成他交代的任务。

神域之书

赫拉的主要事迹 - IV
FAMOUS STORIES OF HERA - IV

HERACLES
赫拉克勒斯

赫拉除了迫害宙斯的情人，对宙斯与情人生下的孩子也"一视同仁"。论其中遭受过最多次迫害的孩子非赫拉克勒斯莫属。赫拉克勒斯的父母是宙斯与凡人阿尔克墨涅，阿尔克墨涅是忒拜的王后，宙斯曾化作忒拜国王安菲特律翁的模样与她同眠共枕，阿尔克墨涅因此怀上了一对双胞胎。其中一个是她与国王安菲特律翁的孩子伊菲克勒斯，另一个则是她与宙斯的孩子赫拉克勒斯。在生下赫拉克勒斯后，还未等赫拉的怒火波及她，阿尔克墨涅自己就因害怕遭到报复而将赫拉克勒斯丢弃在野外。恰好女神雅典娜经过，她将婴儿抱回奥林匹斯山，请求母神赫拉给孩子喂些奶，赫拉当时并不知道这个婴儿的身份，便答应了这个请求。因为喝了母神赫拉的奶，赫拉克勒斯开始变得力大无穷。雅典娜又将这个孩子送回了忒拜王宫，阿尔克墨涅这次始终没忍心再将他抛弃，赫拉这下才知道赫拉克勒斯是宙斯与其情人生下的孩子。知道真相的赫拉怒不可遏，她向赫拉克勒斯的摇篮里扔下两条毒蛇，想置赫拉克勒斯于死地。而已经拥有神力的赫拉克勒斯轻松地就将两条蛇抓住扼杀。赫拉更为愤怒，此后再也没有停下与赫拉克勒斯的斗争。

银河的诞生 | THE ORIGIN OF THE MILKY WAY
彼得·保罗·鲁本斯（Peter Paul Rubens）
1636—1637年 | 181 cm × 244 cm | 布面油画
马德里，普拉多博物馆

据说赫拉克勒斯在吸食赫拉的母乳时，咬痛了她，于是赫拉将赫拉克勒斯拉开，乳水喷洒而出，由此形成了银河。

银河的诞生
THE ORIGIN OF THE MILKY WAY
丁托列托（Tintoretto）
1575年
149.4 cm × 168 cm
布面油画
伦敦，国家美术馆

赫拉克勒斯吸食到赫拉母乳的故事还有另一说法：宙斯想要赐予赫拉克勒斯神力，于是他吩咐神使赫尔墨斯，让他趁着赫拉睡觉时，将赫拉克勒斯抱到赫拉旁边吸食母乳。但赫拉克勒斯还是咬痛了赫拉，让她从睡梦中惊醒，赫拉克勒斯被她推开，于是乳水喷洒而出，形成银河。

作为希腊神话中最大名鼎鼎的半神英雄，赫拉克勒斯的名字含义就与赫拉息息相关，它意为"赫拉的荣耀"，展开来说就是"在赫拉的迫害之下所夺得的荣耀"，而他最伟大的荣耀则是在赫拉的迫害下完成的十二功绩：杀死涅墨亚狮子，杀死九头水蛇许德拉，捉刻律尼忒斯的母鹿，捉厄律曼托斯的野猪，除掉奥革阿斯牛群里累积的巨量牛粪，赶走斯廷法利斯的鸟，捉克里特岛的公牛，捉狄俄墨得斯的母马，取阿玛宗人女王希波吕忒的腰带，捉革律翁的牛群，取阿特拉斯山上的金苹果，捉地狱犬刻耳柏洛斯。

用简短一句话将赫拉克勒斯的每项功绩概括，字里行间中也许看不出什么难度，但桩桩件件都是对智和勇的双重考验：要么是与凶恶的怪物猛兽搏斗，要么智取一些看似无法完成的任务，要么是以凡人之躯挑战神明的禁忌。样样危及生命，可赫拉克勒斯将每一件都完成得很好。在完成这十二功绩后，赫拉克勒斯剩下的一生依然在赫拉的干涉下不断投身各式的冒险之中，直至他凡人躯壳消亡殆尽，宙斯将他迎上奥林匹斯山，赫拉克勒斯正式得到永恒的生命，成为大力神，而他最终也因此与赫拉达成和解。

小赫拉克勒斯杀死一条蛇
YOUNG HERACLES KILLING A SNAKE
彼得·保罗·鲁本斯（Peter Paul Rubens）
1624 年 ｜ 122.6 cm × 92.1 cm ｜ 布面油画

画中故事

赫拉克勒斯事迹的圆形徽章
CIRCULAR MEDALLIONS WITH REPRESENTATIONS OF THE DEEDS OF HERCULES

杀死涅墨亚狮子	杀死九头水蛇许德拉	捉刻律尼忒斯的母鹿	捉厄律曼托斯的野猪
取阿玛宗人女王希波吕忒的腰带	捉地狱犬刻耳柏洛斯	赶走斯廷法利斯的鸟	杀死了看守金苹果的龙
帮助阿特拉斯扛天球来哄骗他去取金苹果	与河神阿刻罗俄斯化身的公牛搏斗，获胜者迎娶卡吕冬公主得伊阿尼拉	与力大无穷的地母之子安泰俄斯摔跤，将其勒死	去摘金苹果的路上，与鹰搏斗救出被囚困的普罗米修斯

费利斯·贾尼（Felice Giani） ｜ 钢笔水彩画 ｜ 纽约，库珀·休伊特国立设计博物馆

赫拉
- 扩展内容 -

HORAE
荷赖
时序三女神

掌管法律与秩序的欧诺弥亚（Eunomia）

掌管公正与正义的狄刻（Dike）

掌管和平的厄瑞涅（Eirene）

PAGE 48

荷赖（Horae）又称时序三女神，《神谱》中记载她们是宙斯与泰坦女神忒弥斯的女儿，亦是命运三女神的妹妹，分别为掌管法律与秩序的欧诺弥亚、掌管公正与正义的狄刻和掌管和平的厄瑞涅，这是如今最普遍的时序三女神说法。但其实荷赖并无固定的人数，名字与身世也皆无固定之说，她们又被称作季节女神，从只掌管春秋的两个女神变成了掌管春夏秋的三个女神，而后又加上了掌管冬季的女神，代表了自然的生命周期。后来荷赖又被认为司掌一天的十二个时辰，人数也增加到了十二个人，她们也被称为时间女神。

在艺术作品中，荷赖经常手拉手一齐舞蹈，她们以舞蹈的行进来推进四季的进程。她们亦代表植物的生长与繁盛，因此经常手持鲜花。荷赖的日常工作还包括看守奥林匹斯山的大门，也帮阿波罗准备好每日巡逻的马车，有时候也陪伴赫拉与阿芙洛狄忒出行。荷赖掌管着四季的运行、时间的流逝与社会的秩序，为凡间带来和平与繁盛。

赫拉
- 扩展内容 -

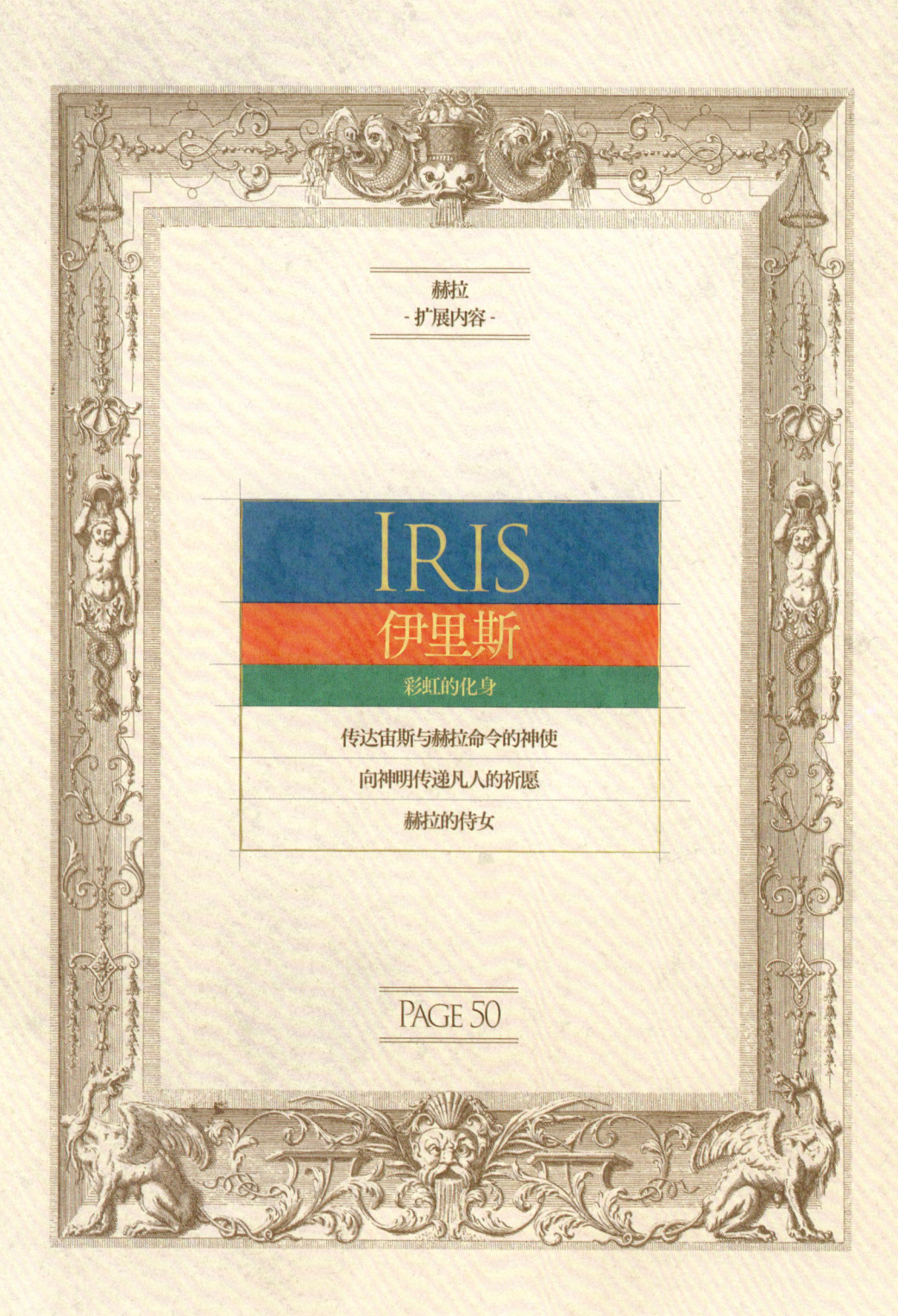

IRIS
伊里斯
彩虹的化身

传达宙斯与赫拉命令的神使

向神明传递凡人的祈愿

赫拉的侍女

PAGE 50

据《神谱》记载，伊里斯是海神陶玛斯与女神厄勒克特拉的女儿。她是彩虹的化身，连接于天地，为神明和凡人互相传递旨意与祈愿。因此除了赫尔墨斯，她也在奥林匹斯山担当神使之职。不过与赫尔墨斯不同，伊里斯只传达宙斯与赫拉的命令，她也是赫拉的侍女，常伴赫拉出行。在百眼巨人阿尔戈斯死后，伊里斯曾陪着赫拉一齐将阿尔戈斯的眼睛镶嵌到孔雀的尾巴上。在艺术作品中，伊里斯的显著标志便是她身披轻纱与相伴她出现的彩虹，有时候她也长有双翼。

凡间有一对恩爱的夫妻，刻宇克斯与妻子阿尔库俄涅。有一次刻宇克斯带着船队出海时，不幸遇难，整个船队无人生还，阿尔库俄涅等不到丈夫的消息，日日忧心，频频向诸神请愿丈夫能平安归来。掌管婚姻之事的赫拉不忍于此，派伊里斯去到睡神窟找睡神修普诺斯给阿尔库俄涅托梦，修普诺斯则交代了儿子梦神摩耳甫斯进入阿尔库俄涅的梦乡，告知刻宇克斯已死之事。阿尔库俄涅在得知丈夫的死讯后，万分悲痛，她投海自尽，追随丈夫而去。

巴克科斯 | BACCHUS

卡拉瓦乔 (Caravaggio)
1598 年 | 95 cm × 85 cm | 布面油画
佛罗伦萨，乌菲齐美术馆

狄俄尼索斯
DIONYSUS

罗马名称：巴克科斯（Bacchus）

父：宙斯（Zeus）　母：塞墨勒（Semele）

职能：酒神，司掌酿酒、水果、生育、节日狂欢

象征物

| 葡萄藤 | 常春藤 | 酒杯 | 豹子 |

狄俄尼索斯（Dionysus），在罗马神话中称为巴克科斯（Bacchus）。要论古希腊农民最喜欢的神，这位葡萄酒神定要占据一席之地。俗话说，民以食为天，庄稼的收成似乎是农民最在乎的事情。作为酿酒、蔬果、丰产的神，狄俄尼索斯十分贴近普通百姓的生活。酒被视为一种解放天性的东西，因此人们对狄俄尼索斯的崇拜也不仅是为了祈求好的农作物收成，更是在寻求精神上的解放。在酒神的祭典中，人们喝得酩酊大醉，载歌载舞，举行各种狂欢的活动来释放自己的情绪，表达自己的情感。这些酒神祭典上的歌舞又被称作酒神颂，据说，这是古希腊悲剧[1]的起源。

1. 古希腊悲剧：以古希腊神话及英雄悲壮故事为题材的剧场演出，一般被认为起源于酒神颂。

狄俄尼索斯的起源和亲缘关系
ORIGIN AND RELATIVE OF DIONYSUS

这位二次降生的神明，似乎从出生开始，便一直进行着不间断的"迁徙"之旅；他走过很远的土地，留下了神秘的葡萄种子。**人们从中收获醇美的果实与酒水，他便收获虔诚的信仰与崇拜……**

狄俄尼索斯的母亲塞墨勒是忒拜的公主，农诺斯的长篇史诗《戴欧尼修斯谭》几乎记录了狄俄尼索斯从出生一步一步到奥林匹斯十二主神之一的全篇事迹。据记载，有一次塞墨勒在河中洗澡，林中的仙女都为她的美貌而惊叹，甚至称她为凡间的小阿芙洛狄忒。而天上的宙斯也看到了她，下凡与她幽会，从而塞墨勒怀上了狄俄尼索斯。然而，嫉妒女神却把这件事告诉了天后赫拉，赫拉震怒，变成了一位老妇人下凡怂恿塞墨勒去瞧宙斯的真身。塞墨勒轻信了她的话，在宙斯现出真身之际，塞墨勒也被雷霆烧死，宙斯只能抢救出他们俩的孩子并缝在了自己的腿中。由于狄俄尼索斯还在宙斯腿中时，宙斯走起路来一拐一拐的，因此狄俄尼索斯这个名字也有"宙斯的跛脚"之意。

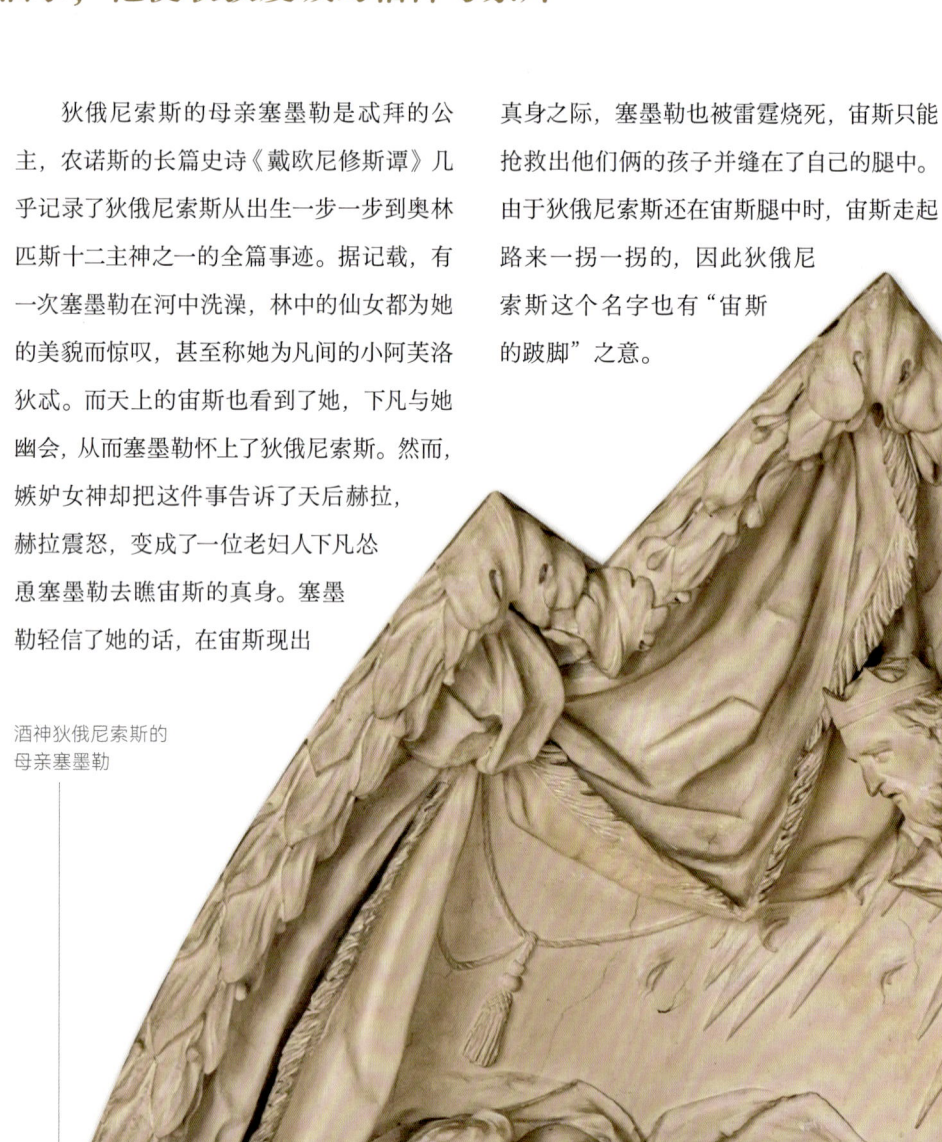

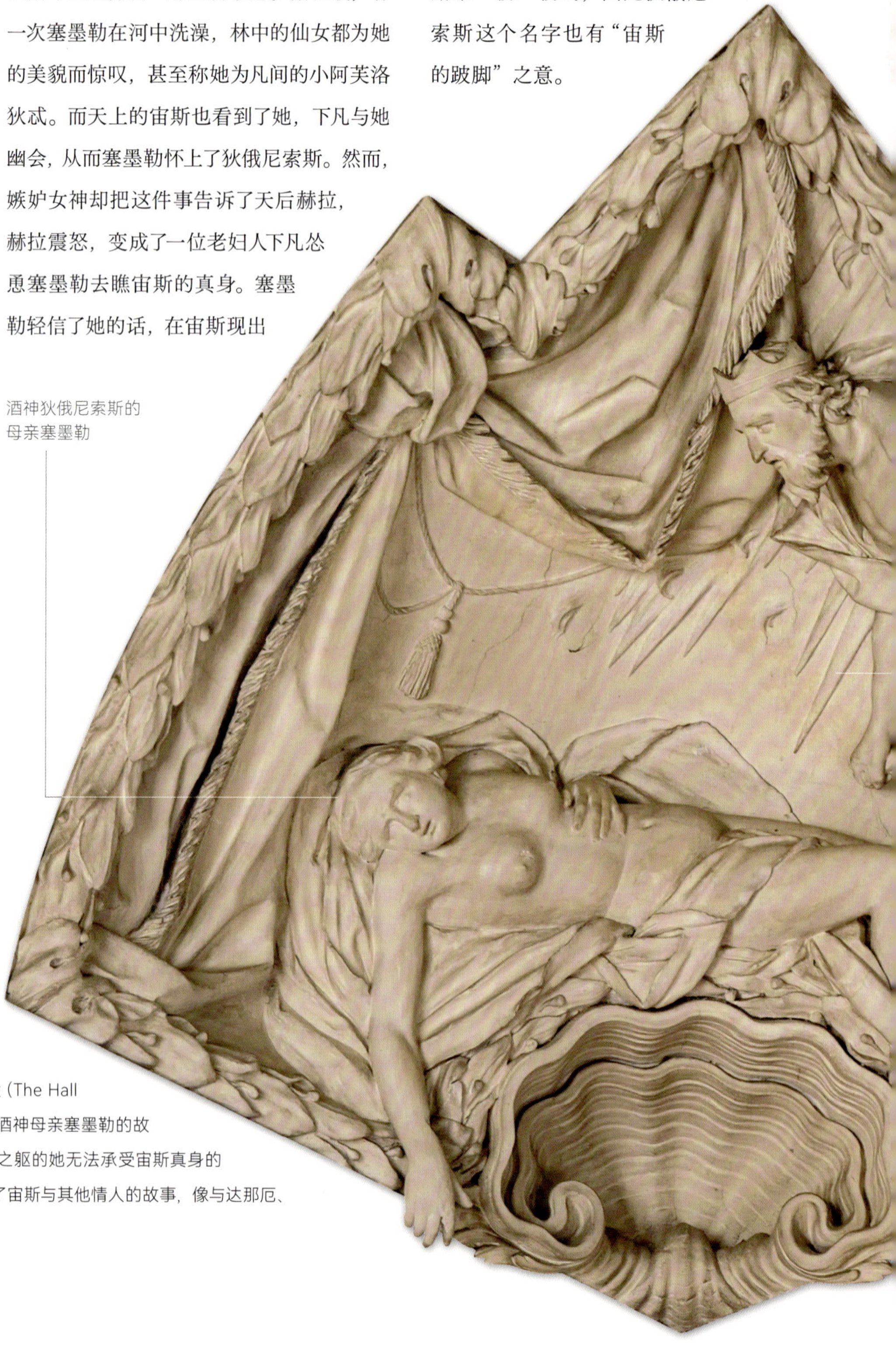

长篇史诗
《戴欧尼修斯谭》的抄写手稿
A HANDWRITTEN COPY OF *DIONYSIACA*

农诺斯（Nonnus）
1280 年
25 cm × 16 cm
佛罗伦萨，老楞佐图书馆

《戴欧尼修斯谭》是现存最长的古希腊罗马史诗，大约完成于公元 5 世纪，共有 48 卷，全文超过 20000 行，讲述了酒神狄俄尼索斯在诞生之前的背景，以及他诞生之后远行东方，返回西方，经历一路的冒险与考验，最终成为奥林匹斯山不朽神灵的故事。

酒神狄俄尼索斯的母亲塞墨勒

朱庇特的爱之殿：朱庇特和塞墨勒 ▶
JUPITER'S LOVE HALL: JUPITER AND SEMELE

乔瓦尼·博斯科（Giovanni Bosco）
约 17 世纪
帕尔马，意大利帕尔马公爵花园公爵宫

这幅作品是意大利帕尔马公爵花园公爵宫中的爱之殿（The Hall of Love）房间西北角的一处浮雕作品，讲述了宙斯与酒神母亲塞墨勒的故事，塞墨勒受伪装的赫拉蛊惑去瞧宙斯的真身，凡人之躯的她无法承受宙斯真身的雷霆之力，被活活烧死。这个房间中的其他角落也刻了宙斯与其他情人的故事，像与达那厄、欧罗巴和勒达等。

神域之书

赫尔墨斯与幼年狄俄尼索斯
HERMES AND THE INFANT DIONYSUS
亚瑟·戴维斯（Arthur Davies）
1900—1915 年 | 61 cm × 140 cm | 布面油画
克利夫兰，克利夫兰艺术博物馆

赫尔墨斯

狄俄尼索斯

狄俄尼索斯虽然逃过一劫，可他之后的人生也并不顺遂，赫拉给他带来了多次的生死难关。《戴欧尼修斯谭》的第九卷记载狄俄尼索斯从父亲的宙斯腿中降生后，神使赫尔墨斯把他带到了拉莫斯的女儿们那里，她们是河中的宁芙仙女。仙女们对狄俄尼索斯的到来十分开心，对他多有宠爱，赫拉知道此事后，使用手段把她们逼疯；看到狄俄尼索斯的生命受到威胁，赫尔墨斯又把狄俄尼索斯带到了塞墨勒的妹妹伊诺那里，伊诺把狄俄尼索斯交给了侍女密斯提斯看护，密斯提斯教会了狄俄尼索斯一些神秘的宗教仪式，而赫拉再次发现狄俄尼索斯的踪迹，欲行加害，赫尔墨斯却已经抢先一步把他带到了祖母瑞亚那里，狄俄尼索斯就这样在吕底亚山长大，又学会了狩猎之术。

婴儿时期的狄俄尼索斯

从天而降的雷霆之力

赫尔墨斯

宙斯上前查看被雷霆烧死的塞墨勒

赫尔墨斯与婴儿狄俄尼索斯 ▶
HERMES AND THE INFANT DIONYSUS
公元前 4 世纪 | 高 2.12 m | 雕像
奥林匹亚，奥林匹亚考古博物馆

这座雕塑作品于 1877 年在赫拉神庙遗址被发现，普遍认为作者为普拉克西特列斯，目前陈列在奥林匹亚考古博物馆，婴儿狄俄尼索斯坐在赫尔墨斯的左臂上，而赫尔墨斯缺失的右臂被认为是拿着一串葡萄在逗弄狄俄尼索斯，同时也象征着狄俄尼索斯作为酒神的未来。

神域之书

狄俄尼索斯的形象特征、职能或技能
CHARACTERISTICS AND ROLES OF DIONYSUS

松果球神杖

青年形象的狄俄尼索斯

手持酒杯

头戴常春藤花环

婴儿时期的狄俄尼索斯

狄俄尼索斯／巴克科斯
（DIONYSUS / BACCHUS）

神职：酒神、蔬果神、欢乐神、繁殖神

形象：青年或婴儿，头戴常青藤环

狄俄尼索斯头像鼻烟盒
微型马赛克镶嵌
（1804—1819 年）

　　狄俄尼索斯一出生头上便有两个小牛角，常青藤花环缠绕在上面。狄俄尼索斯的常见形象是长卷发的俊秀青年，头戴常青藤花环，他的神杖由茴香茎制成，缠着常青藤，杖顶是一个松果球。作为酒神，有时他的手中拿的是一只酒杯而并非神杖，在他的身边，狮子、老虎、豹子这些猛兽常与他相伴。狄俄尼索斯虽是奥林匹斯十二主神之一，但他天性自由洒脱，带着信徒四处游玩，他去到哪里，就教导那里的人们栽种葡萄与酿造葡萄酒，所以人们在葡萄收获的季节常常以酒神颂来歌唱他，而古希腊悲剧也被认为起源于此，雅典三月份会举行"大酒神节"（Great Dionysia）来祭祀狄俄尼索斯。狄俄尼索斯也不再被认为是单纯的酒神，人们向他祈求农作物的丰产，在收获的季节狂欢，在酒精的作用下解放自己的天性，因此，狄俄尼索斯也是蔬果神、欢乐神与繁殖神。

　　成年的狄俄尼索斯离开吕底亚开始周游世界，他去过波斯，阿拉伯，亚细亚洲，在各地传播属于他的教义，他的信徒有羊男萨堤尔与狂女迈那得斯，他们以放纵、淫荡、狂欢闻名。在阿那克里翁的诗作《向酒神祈求》中，诗人并非向酒神祈求丰收或欢乐，而是祈求爱情，这是一份本属于爱与美神阿芙洛狄忒的工作，诗人因在漫游山野时想念钟情的少年，在酒后作了这首诗，因狄俄尼索斯在山林寻欢作乐时身后总是跟着成群结队的信徒信女，想必是把爱与美神阿芙洛狄忒也看做信女中的一员了。

神域之书

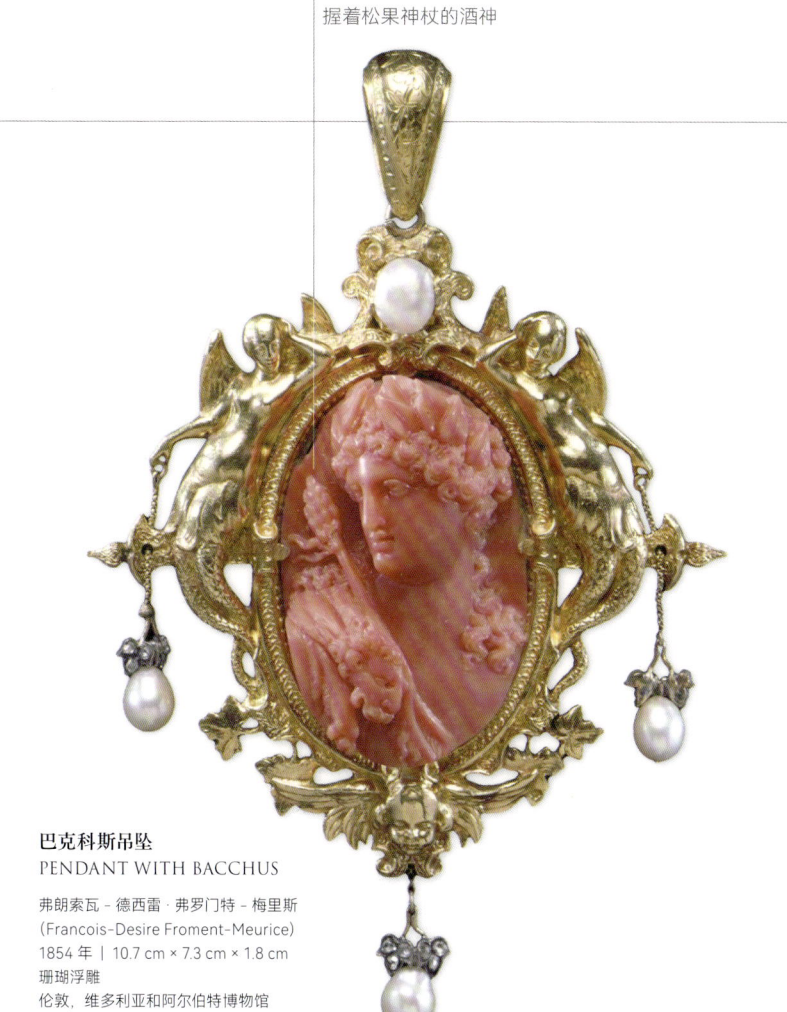

红珊瑚雕刻而成的握着松果神杖的酒神　　　　　　　　　　　迈那得斯　　狄俄尼索斯

巴克科斯吊坠
PENDANT WITH BACCHUS

弗朗索瓦 - 德西雷·弗罗门特 - 梅里斯
(Francois-Desire Froment-Meurice)
1854 年 ｜ 10.7 cm × 7.3 cm × 1.8 cm
珊瑚浮雕
伦敦，维多利亚和阿尔伯特博物馆

这幅作品中狄俄尼索斯头戴常春藤环，一手拿着酒杯，一手环着豹子，侍女正在给他斟酒，脚下还放着铃鼓，弦乐器是阿波罗的象征，打击乐器则代表了狄俄尼索斯，可以看到身后的迈那得斯在敲击锣鼓，脸上洋溢着欢笑，她们正在狂欢。

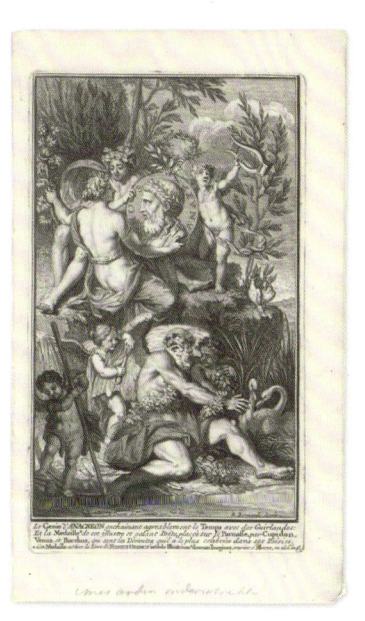

西勒努斯　　狄俄尼索斯

潘神

巴尔塔萨伯纳兹于 1711—1712 年间所作插画《阿那克里翁的肖像》

"希腊诗人阿那克里翁的肖像奖章被爱与美神、酒神和小爱神收藏。时间老人在地上。他的翅膀被一个小天使剪掉了，另一个抓住了他的镰刀"。

婴儿巴克科斯 ｜ INFANT BACCHUS
切尔西瓷厂
(CHELSEA PORCELAIN MANUFACTORY)
1755 年
高 12.4 cm
软质瓷
纽约，大都会艺术博物馆

狄俄尼索斯祭坛 ｜ ALTAR TO DIONYSUS
公元前 142—公元前 141 年 ｜ 84 cm × 40 cm × 68 cm

祭坛中间雕刻着狄俄尼索斯的头像，两侧则刻着随从西勒努斯（被认为是羊男萨堤尔中的年长者）与潘神（牧神，长着羊角，与萨堤尔形象相近）。

神域之书

57

狄俄尼索斯的主要事迹 - I
FAMOUS STORIES OF DIONYSUS - I

THE CROWN OF STARS
星星王冠

画中故事

忒修斯与阿里阿德涅
THESEUS AND ARIADNE

威廉·斯特赖克（Willem Strijcker）
1657 年 | 201 cm × 167 cm | 布面油画
阿姆斯特丹，阿姆斯特丹王宫

这幅画中忒修斯的身后倒下了一个身影，半人半兽模样，那是忒修斯借助阿里阿德涅送给他的利剑打败的弥诺陶洛斯，而现在，忒修斯正在把一个线团还给阿里阿德涅，那是用来帮助忒修斯从迷宫里顺利走出来的东西。

阿里阿德涅被忒修斯遗弃
ARIADNE ABANDONED BY THESEUS

安吉莉卡·考夫曼（Angelica Kauffmann）
1774 年 | 63.8 cm × 90.9 cm | 布面油画
休斯敦，休斯敦美术博物馆

这幅作品中阿里阿德涅在独自黯然神伤，她身下华丽的睡榻与身后崎岖的岩石形成了强烈的对比，一个尊贵的公主现如今沦落至此，而她的右手依然向着海的方向，仔细看那里还有忒修斯远去的帆影，她不愿相信自己被忒修斯抛弃的事实。

星星王冠是狄俄尼索斯送给阿里阿德涅的求婚礼。阿里阿德涅是克里特岛国王米诺斯的女儿，被宙斯诱拐的欧罗巴即是她的祖母。如果要评价阿里阿德涅的一生，她是幸运也是不幸的，幸运的是她获得了狄俄尼索斯在她绝望时给予她的爱，不幸的是在这之前她的一腔真心付诸东流……

克里特岛有一个迷宫困着一个名为弥诺陶洛斯的怪物，据说他吃人肉饮人血。阿里阿德涅作为克里特的公主，却给了敌国雅典王子忒修斯一个线团和一把剑，帮助他战胜了弥诺陶洛斯并走出了迷宫，因为自己对敌国的帮助以及对忒修斯的迷恋，阿里阿德涅恳请忒修斯离开时把她一并带走，可忒修斯答应后却在她睡觉时偷偷地把她抛弃在了纳克索斯岛上，阿里阿德涅醒来后只能绝望地望着忒修斯离去的帆影，就是这时，狄俄尼索斯来到了她身边。

关于忒修斯是否抛弃了阿里阿德涅其实也有几种说法，在德国作家古斯塔夫·施瓦布的《希腊的神话和传说》中，忒修斯在纳克索斯岛登陆后，狄俄尼索斯曾进入他的梦中告诉他阿里阿德涅是命运女神为自己安排的妻子，他最好离开始。而忒修斯为了避免触怒神明，只好把熟睡的阿里阿德涅留在了纳克索斯岛上。无论狄俄尼索斯是在岛上狂欢聚会时偶然遇到了这个不幸的姑娘，还是在命运的安排下蓄谋已久，在阿里阿德涅的眼中，自己是实打实地被忒修斯抛弃了，狄俄尼索斯才是自己在落难时的救赎。

巴克科斯与阿里阿德涅 ▶
BACCHUS AND ARIADNE
1760 年 | 折扇
伦敦，扇子博物馆

▲ 巴克科斯与阿里阿德涅
BACCHUS AND ARIADNE

路易-让-弗朗索瓦·拉格瑞尼
(Louis-Jean-François Lagrenée)
1768 年｜25 cm × 35 cm｜铜上油画
斯德哥尔摩，瑞典国立博物馆

我们似乎已经习惯狄俄尼索斯所在之处都跟着一众信徒的景象，而在这幅作品中，只有三个角色。狄俄尼索斯深情地搂着阿里阿德涅，在很多描绘狄俄尼索斯与阿里阿德涅的画中，阿里阿德涅总是面向着大海的方向伸出手，而这幅画中她却向着狄俄尼索斯的方向，面容愁云惨淡，她依旧还未从被忒修斯抛弃的事实中走出来，可同时她也依偎在狄俄尼索斯的怀里，阿里阿德涅接受了狄俄尼索斯的爱，作品中右上角有一个丘比特，他正在射出他的爱情之箭，依偎的爱人加上象征爱情的丘比特，有了他的存在，狄俄尼索斯与阿里阿德涅之间似乎更加强调了在命运上的联系。

扇子正面刻画了《变形记》中狄俄尼索斯第一次见到阿里阿德涅的场景。当时阿里阿德涅被忒修斯抛弃在纳克索斯岛，她的手还指着忒修斯离去的帆影。狄俄尼索斯对她一见钟情，后来，阿里阿德涅公主头上戴的王冠被狄俄尼索斯升上天空变成了星座。

神域之书
59

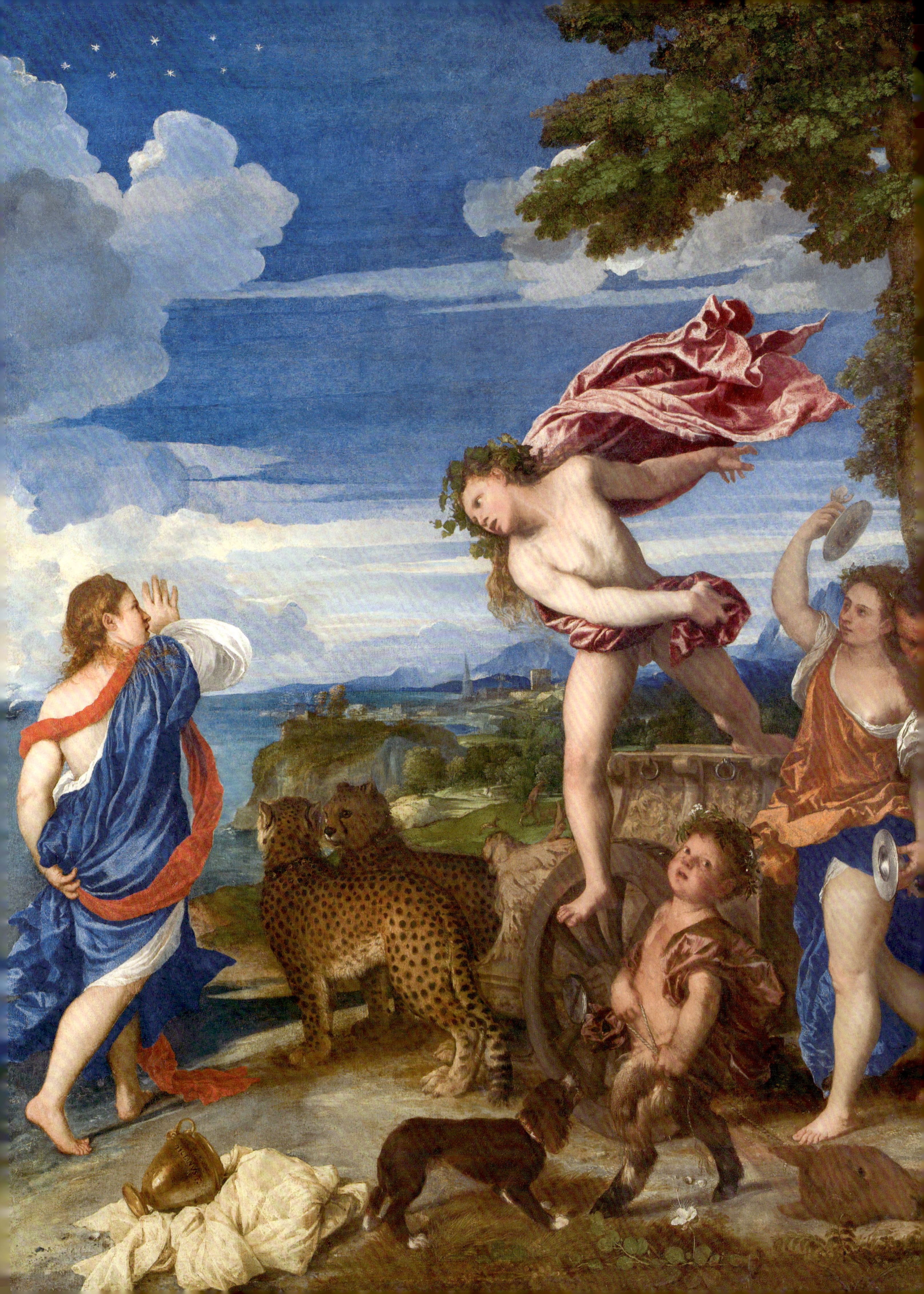

刻着狄俄尼索斯与阿里阿德涅的浮雕碗
BOWL WITH A MEDALLION DEPICTING DIONYSOS AND ARIADNE

公元前 100 年 | 浮雕
洛杉矶，盖蒂中心

狄俄尼索斯正亲密地抓着阿里阿德涅的脸一齐眺望远方，旁边坐着酒神年长的随从西勒努斯。在狄俄尼索斯与西勒努斯之间是酒神杖，葡萄藤作为装饰包围着整个场景。

星星王冠	阿里阿德涅
狄俄尼索斯	狂欢信徒

巴克科斯与阿里阿德涅
BACCHUS AND ARIADNE

提香 (Titian)
1494—1527 年 | 176.5 cm × 191 cm | 布面油画
伦敦，国家美术馆

这幅作品中阿里阿德涅的手依然向着大海的方向，忒修斯离去的船只几乎快要看不见了。而狄俄尼索斯正在从他豹子拉的战车上跳下来，身后还跟着一群他的狂欢信徒，他对阿里阿德涅一见钟情，想拯救这位美丽的姑娘。仔细看阿里阿德涅头顶上的天空，那里有数颗星围了起来，形成王冠的模样，这是狄俄尼索斯向阿里阿德涅求爱的礼物，后来被升上天空成为北冕座。

神域之书

狄俄尼索斯的主要事迹 - II
FAMOUS STORIES OF DIONYSUS - II

RETURNING TO THEBES
重返忒拜

画中故事

彭透斯被阿高厄和伊诺撕裂了
PENTHEUS TORN APART BY AGAVE AND INO

公元前 5 世纪
8.6 cm × 25.4 cm
红彩陶器
巴黎，卢浮宫

细节讲解

伊诺　　彭透斯　　阿高厄

狄俄尼索斯的母亲塞墨勒与彭透斯的母亲阿高厄同为忒拜创立者卡德摩斯的女儿，细究起来，狄俄尼索斯与彭透斯还是表兄弟的关系。但彭透斯不许狄俄尼索斯在忒拜城内传播教义，这无疑触碰到了狄俄尼索斯作为神的逆鳞。那场盛大的酒神宴，除了阿高厄，曾经在幼时收留过他的另一个姨妈伊诺也到了场。彭透斯见自己的命令无人听从，只好怒气冲冲地亲自赶来现场，想要中断这场聚会，却未曾想到自己反被狂女们抓住，据说第一个袭击他的狂女就是他的母亲阿高厄。这个陶瓷盖子上画着彭透斯正被自己的母亲阿高厄与姨妈伊诺撕扯着四肢，上面还有其他一些狂女，她们有些手中拿着代表酒神的松果杖。

狄俄尼索斯在离开吕底亚山后，周游世界各地。一路上，他给各地的人们传播葡萄酒的文化与及时寻乐的真谛，已经拥有了一众信徒。在回到希腊忒拜之时，他以神的旨意鼓励当地的女子来参加他的狂欢节，奏乐起舞，纵情纵欲，但当时的忒拜国王彭透斯（Pentheus）却把对酒神的信仰视为异教。

欧里庇得斯所作的古希腊经典悲剧《酒神的伴侣》记载了整件事情，在得知国家里几乎所有女子都前去参加了这场"狂欢派对"，国王彭透斯愤怒地下令制止这场他觉得伤风败俗的聚会。狄俄尼索斯认为彭透斯并不敬重他，不敬重一个神，因此控制了彭透斯的母亲阿高厄成为狂欢聚会的首领，就像在丛林里的任何一次狂欢一样，她们像撕裂野兽的身体一样地撕裂了国王彭透斯的身体。

彭透斯被狂女们撕扯
PENTHEUS BEING TORN BY MAENADS
壁画
庞贝，维提之家

狄俄尼索斯的主要事迹 - III
FAMOUS STORIES OF DIONYSUS - III

DIONYSUS WORSHIP
酒神信仰

然而，狄俄尼索斯在许多地方仍然备受崇拜。当他来到阿提卡地区，雅典的人民为了迎接酒神的降临，城邦里彻夜响起美妙的曲调，每个人都随着旋律欢快起舞。农民的庄稼开始茁壮生长，花朵开得娇艳欲滴，到处一派生机勃勃的景象。狄俄尼索斯来到了一位叫伊卡留斯的农民家里做客，受到了伊卡留斯的热情款待。有朋远来本该以好酒相待，但在当时，这个地方的人们还不懂什么是酒，伊卡留斯只好叫女儿埃里戈涅去挤些羊奶前来招待狄俄尼索斯。为了回报伊卡留斯的好意，狄俄尼索斯给他尝了葡萄酒的美妙滋味，又教会了他种植葡萄与酿葡萄酒的技术。伊卡留斯也毫不吝啬地将这些技艺传授给了其他农民朋友。当第一批葡萄酒酿制完成，这群农民聚集在一起，庆祝他们辛勤劳动的成果，感谢酒神赐予的礼物。可他们喝得凶猛，失去了理智，身体的不适让他们不再认为这是天赐，反而觉得是伊卡留斯在害他们，于是操起工具就将伊卡留斯杀害。而埃里戈涅得知了父亲的死讯，找回了父亲的尸首埋葬树下，绝望不已的她选择了在那棵树上吊绳自尽。

此后城邦里陆续出现如埃里戈涅一般大的少女以同样的方式上吊自尽，人们猜测这是狄俄尼索斯在为这对信仰自己的无辜父女打抱不平。为了防止惨剧的再次出现，城邦为这对父女举行了庄严的仪式以平息他们的怒火，而宙斯也怜悯这对父女，将伊卡留斯升上天空成为牧夫座，而埃里戈涅则成为了处女座。

狄俄尼索斯惩罚那些反抗他的人，也善待那些信仰他的人。他不允许凡人对他不敬，不允许凡人否认他的教义，似乎因为自己的身世，狄俄尼索斯对这一点很是执着。一次他来到提任斯王国发展自己的狂女信徒，再次以神的旨意邀请全国的女子过来参加酒神节。唯独国王的三个女儿偏偏不信奉他，更嗤之以鼻，随后狄俄尼索斯把她们三个变成真的疯女。他希望世人承认他的父亲是众神之王宙斯，但也从不避讳谈到自己的凡人母亲塞墨勒。他认为就算母亲是凡人，他依旧可以通过自己的努力成为真正的神，拥有自己的教义与信徒，受世人的崇拜。因此，狄俄尼索斯不希望母亲一直受到他人的嘲笑与奚落，当他成为奥林匹斯山十二主神之一时，狄俄尼索斯下冥界拯救母亲塞墨勒的亡魂。为此，他还与地狱犬刻耳柏洛斯进行了搏斗，最终他胜利将母亲带出冥界，并请求众神赐予母亲不朽。这一请求最终被应允，塞墨勒改名为提俄涅，而她头上的花冠升上天空便成了南冕座。

画中故事

巴克科斯与埃里戈涅
BACCHUS AND ERIGONE

约翰·戴维·兰茨
(Johann David Rantz)
约翰·洛伦茨·威廉·兰茨
(Johann Lorenz Wilhelm Rantz)
1773 年
浮雕
波茨坦，新宫

这幅作品是德国波茨坦新宫的奥维德画廊中14幅镀金浮雕作品之一，选取了奥维德《变形记》中所提到的狄俄尼索斯变成葡萄引诱埃里戈涅的故事。一位小天使手中拿着象征酒神的松果杖，正把一串狄俄尼索斯变身的葡萄交给埃里戈涅。

沦陷的埃里戈涅
ERIGONE CONQUERED

弗朗索瓦·布雪 (François Boucher)
1745 年 | 99 cm × 134.5 cm | 布面油画
伦敦，华勒斯典藏馆

神域之书

打猎中的狄安娜与宁芙
DIANA AND HER NYMPHS ON THE HUNT
彼得·保罗·鲁本斯（Peter Paul Rubens）
1627—1628 年 | 237.5 cm × 183.8 cm | 布面油画
洛杉矶，盖蒂中心

阿尔忒弥斯
ARTEMIS

罗马名称：狄安娜（Diana）

父：宙斯（Zeus）　母：勒托（Leto）

职能：狩猎女神，司掌狩猎、自然、助产、月亮

象征物

| 新月 | 牝鹿 | 猎狗 | 弓箭 |

　　阿尔忒弥斯（Artemis），在罗马神话中被称为狄安娜（Diana）。人们把阿波罗认作是太阳神，那么他的孪生姐姐阿尔忒弥斯似乎很自然地就被视为月亮女神。在中国的神话中，提到掌管月亮的便是和玉兔一同居住在月亮上面的嫦娥。而这位月亮女神却居住于山林之中，其实比起月亮女神，用狩猎女神来形容阿尔忒弥斯更加贴切。实际上在古希腊神话中，掌管月亮的女神叫塞勒涅（Selene），也许我们更常听到的是她的罗马名——露娜（Luna）。塞勒涅与弟弟太阳神赫利俄斯同是泰坦神忒亚和许佩里翁的孩子。可在后世文化中，阿波罗与赫利俄斯混说，阿尔忒弥斯也同塞勒涅混说，从此，阿尔忒弥斯月亮女神的称号开始被后世人所熟知。而后，又用满月来指代塞勒涅，阿尔忒弥斯则代表新月。或许也因为阿尔忒弥斯是贞洁女神，如同月光那般的洁白无瑕，人们对阿尔忒弥斯是月亮女神更加地深信不疑。

阿尔忒弥斯的起源和亲缘关系
ORIGIN AND RELATIVE OF ARTEMIS

为躲避赫拉的追杀，阿尔忒弥斯与胞弟阿波罗艰难地在荒野间诞生，她既生于自然，长于自然，也守护自然。
手中弯弓就如头上新月，挽弓穿越危险的丛林，也驾车出巡美丽的星夜……

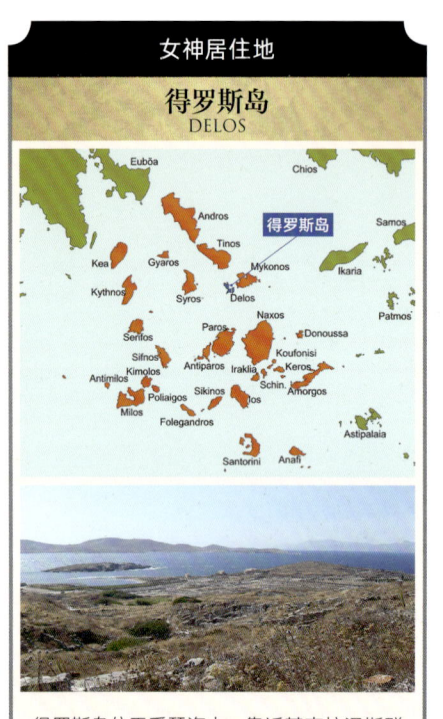

女神居住地
得罗斯岛 DELOS

得罗斯岛位于爱琴海上，靠近基克拉泽斯群岛的中心，属于希腊南爱琴大区基克拉泽斯州，是希腊历史文化和神话传说的重要考古遗址。相传，它是女神勒托的居住地，又以阿波罗与阿尔忒弥斯的出生地而闻名。

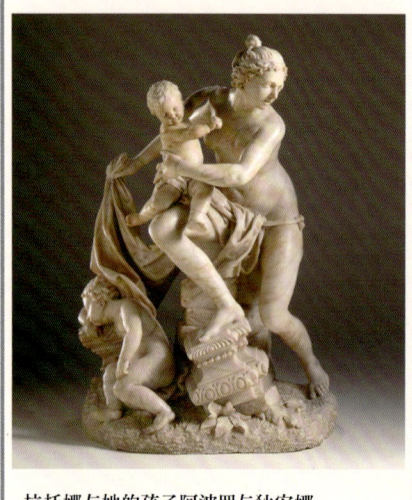

拉托娜与她的孩子阿波罗与狄安娜
LATONA WITH HER CHILDREN APOLLO AND DIANA
拉扎尔·威德曼（Lazar Widmann）
1742 年 | 40 cm × 26.4 cm | 雕塑
洛杉矶，洛杉矶郡艺术博物馆

阿尔忒弥斯是宙斯与勒托之女，也是阿波罗的孪生姐姐。《神谱》中谈到，他们是宙斯最可爱的一对儿女。勒托是十二泰坦中的科俄斯与福柏之女，是宙斯的堂姐，在罗马神话中对应女神拉托娜（Latona）。赫拉发现勒托怀上宙斯的孩子后，千方百计地阻止孩子的出生。勒托则为躲避赫拉的残害东躲西藏，最后来到了得罗斯岛，这是一个由勒托的妹妹阿斯忒里亚所幻化的浮岛。据说在阿尔忒弥斯与阿波罗降生之前，这个岛一直在四处漂浮，勒托来到这个岛上后，宙斯用金刚石柱将岛屿固定在海上，在这个岛上，勒托产下了阿尔忒弥斯与阿波罗。

▲ **狄安娜和阿波罗的诞生**
THE BIRTH OF DIANA AND APOLLO
朱利奥·罗马诺工作室（Workshop of Giulio Romano）
1530—1540 年 | 板面油画 | 108.7 cm × 142.2 cm
温莎，温莎城堡皇家图书馆

因为赫拉下令禁止任何地方接纳勒托生育，勒托只好到得罗斯岛生下阿尔忒弥斯与阿波罗。画中勒托生育的地方是用树枝搭起的帐篷，勒托因为刚刚生产完有些虚弱，左下角的侍女在给阿尔忒弥斯洗澡，另一个侍女用布遮掩，而帐篷的右边一个侍女抱着阿波罗也做躲藏状，这皆是为了躲避赫拉的眼线。

▲ 阿波罗与狄安娜的诞生（图1）
THE BIRTH OF APOLLO AND DIANA

马尔坎托尼奥·弗兰切斯基尼
(Marcantonio Franceschini)
1692 或 1698 年 | 175 cm × 210 cm | 布面油画
维也纳，列支敦士登博物馆

阿波罗与狄安娜（图2）
APOLLO AND DIANA

雅各布·代·维特 (Jacob de Wit)
120 cm × 94.5 cm | 布面油画
恩斯科德，特温特国家博物馆

阿波罗与狄安娜（图3）
APOLLO AND DIANA

阿尔布雷希特·杜勒 (Albrecht Durer)
1501—1506 年 | 11.5 cm × 7.2 cm | 蚀刻版画
阿姆斯特丹，荷兰国家博物馆

神域之书
69

阿尔忒弥斯的形象特征、职能或技能 - I
CHARACTERISTICS AND ROLES OF ARTEMIS - I

阿尔忒弥斯 / 狄安娜
（ARTEMIS / DIANA）

神职：月亮女神，狩猎女神

形象：头戴新月冠，手持弓箭，身旁有猎狗、牝鹿

手持弓箭
年轻女性形象
猎狗
牝鹿
头戴新月头冠
阿尔忒弥斯头像

在古罗马作家琉善的《诸神对话》中，赫拉与勒托有一番你来我往的唇枪舌剑，这种浓烈的火药味来自对婚姻的捍卫，也来自对孩子的守护。在赫拉的话语中，她形容阿尔忒弥斯过度地像男人，老在山上跑，这也是阿尔忒弥斯被称为山林与自然女神的缘故。她热爱与一众海洋女神与水泽仙女在群山、丛林中嬉戏打闹，她热爱射箭与狩猎，所以她的身上常常挂着弓与箭袋，猎狗常与她相伴。她是宙斯最宠爱的女儿，宙斯从不吝啬给予她任何想要的礼物，她索要永远的纯洁，她便是三位处女神之一。后世艺术家也因此会在对她进行艺术创作时减少裸露的部分，她常常穿着一袭白裙，头戴新月冠，当星夜降临，她便驾着银白的月亮战车在广阔无垠的夜空中出巡。除此之外，狄安娜也被称为生育女神，这跟阿波罗的出生也有莫大的关系。《书库》中记载，阿尔忒弥斯诞生之后，便给孪生弟弟阿波罗接生；她穿梭山林之间，关爱一切动物的幼崽，因此，人们认为她也是守护婴孩、掌管接生的女神。

女猎手狄安娜
DIANA, THE HUNTRESS

1850 年 | 19.9 cm × 12.9 cm × 1.9 cm | 象牙浮雕
克利夫兰，克利夫兰艺术博物馆

牝鹿

阿尔忒弥斯

猎犬

刻着阿尔忒弥斯形象的玉石 ▶
INTAGLIO REPRESENTING ARTEMIS

公元前 225—公元前 175 年
4.1 cm × 2 cm × 0.5 cm | 宝石浮雕 | 洛杉矶，盖蒂中心

▲ **狄安娜与鹿**
DIANA AND STAG

约阿希姆·弗里斯
(Joachim Fries)
1610—1620 年
33 cm × 24.3 cm × 25.4 cm
波士顿，波士顿美术馆

打猎归来的狄安娜
DIANA RETURNING FROM THE HUNT

尼古拉斯·科伦贝尔 (Nicolas Colombel)
1697 年 | 铜上油画 | 65.5 cm × 81 cm
私人收藏

在这幅作品中，打猎归来的阿尔忒弥斯收获满满，不少同行的侍从已经在休息中，右上角有位侍从正在吹响号角，传去归程的信号。作为处女神的阿尔忒弥斯穿着一袭洁白的长裙，且穿着完整，与她一同打猎的宁芙也皆穿戴整齐，这是阿尔忒弥斯作为处女神立下的准则，她守护女子的贞洁，不沾染情爱，最瞧不起的便是掌管爱情的女神阿芙洛狄忒与她的一众信徒。

神域之书

阿尔忒弥斯的形象特征、职能或技能 - II
CHARACTERISTICS AND ROLES OF ARTEMIS - II

▲ 休息中的狄安娜
DIANA RESTING
西蒙·乌埃的效仿者 (Follower of Simon Vouet)
17 世纪
布面油画
120 cm × 168 cm
私人收藏

画中的阿尔忒弥斯既优雅又不羁，一手抚摸着猎狗，一手拿着箭矢，月亮女神与山林女神的特点在她身上融合巧妙。

巴克科斯与狄安娜
BACCHUS AND DIANA
老亨德里克·范·巴伦 (Hendrick van Balen the Elder)
1600—1632 年
橡木油画
39.6 cm × 52 cm
阿姆斯特丹，荷兰国家博物馆

常出没于山林之中的还有一位神——酒神狄俄尼索斯，他带着信徒在山林中狂欢时难免会遇上在林中狩猎的阿尔忒弥斯，而这幅作品中狄安娜似乎加入了狄俄尼索斯的狂欢队伍，她脸上洋溢着笑容，手指着狄俄尼索斯的方向似乎在示意侍从把猎物赠予他们，阿尔忒弥斯并没有像狄俄尼索斯那般放纵，但看得出来她置身于热闹中是开心的。且在这里面，似乎通过着装的完整度便能分辨出哪些是阿尔忒弥斯的队伍而哪些又是属于狄俄尼索斯的。

神域之书

73

阿尔忒弥斯的主要事迹 - I
FAMOUS STORIES OF ARTEMIS - I

ACTAEON
阿克泰翁

阿尔忒弥斯十分看重自己的贞洁，一旦她的贞洁被冒犯，便会降下巨大的惩罚，可怜的阿克泰翁便是一个例子。奥维德的《变形记》第三卷记载，当阿尔忒弥斯狩猎后感到疲倦时，她会到噶尔噶菲山谷里的一个山洞里进行沐浴休息，而有一天阿克泰翁却无意闯进了这个山洞。阿克泰翁是个出色的猎人，他带着他的队伍结束了一天的狩猎，正准备回去时走进了这片山林，不认识路的他举步维艰，不小心走进了阿尔忒弥斯和众多仙女的沐浴之处。看到突然闯进的男人，阿尔忒弥斯与仙女们惊慌失措，阿尔忒弥斯急着找自己的弓箭，仙女们纷纷把阿尔忒弥斯围了起来，最后由于射箭不便，阿尔忒弥斯就把池水泼到了阿克泰翁的身上，并下了诅咒，阿克泰翁由此长出了鹿的犄角，耳朵变尖，脖颈变长，身上长出了斑斑点点，四肢变成了蹄子，他变成了一头牡鹿，在跑出阿尔忒弥斯的山洞时，他心里是有苦不能说，只能默默流泪，最后他被自己的猎犬看到并追赶撕裂而亡。

画中故事
带有阿克泰翁之死与追逐场景的搅拌碗
MIXING BOWL WITH THE DEATH OF AKTAION AND A PURSUIT SCENE

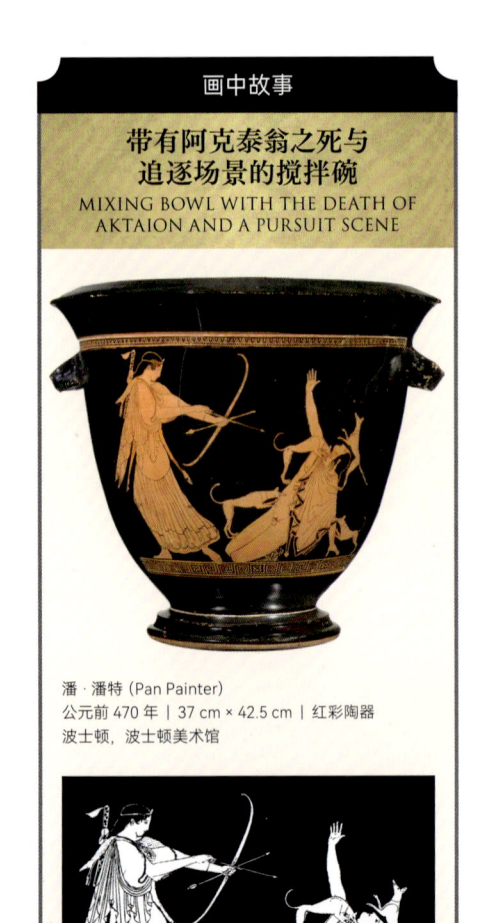

潘·潘特（Pan Painter）
公元前 470 年 | 37 cm × 42.5 cm | 红彩陶器
波士顿，波士顿美术馆

在阿克泰翁的故事里，他变成鹿被自己的猎犬撕咬而亡是最常见的结局，但这个陶器上画着阿克泰翁之死的另一个故事版本。人们认为阿尔忒弥斯在发现阿克泰翁看到她的队伍沐浴之后，她立刻放出猎犬追赶阿克泰翁，随后用弓箭将他射杀。

狄安娜与阿克泰翁
DIANA AND ACTAEON

让-巴蒂斯·卡米耶·柯洛（Jean-Baptiste Camille Corot）
1836 年 | 156.5 cm × 112.7 cm | 布面油画
纽约，大都会艺术博物馆

这幅作品中的景色郁郁葱葱，似乎很难瞧见阿克泰翁隐在何处，但仔细看在仙女中站着的阿尔忒弥斯，她的手正向着一个方向伸出，沿着这个方向，可以看到头上已经长了犄角的阿克泰翁，他正慌张地想要逃跑，而阿尔忒弥斯周边的仙女，她们有的神色惊慌，双手捂胸，有的正尽可能地伏低自己的身体，皆做躲藏状，最右边有个仙女正引着猎狗前来，她手上拿着武器，武器头呈新月状，是阿尔忒弥斯的标志，她与猎狗似乎正顺着阿尔忒弥斯手的方向向阿克泰翁前去。

阿尔忒弥斯的主要事迹 - II
FAMOUS STORIES OF ARTEMIS - II

CALLISTO
卡利斯托

　　卡利斯托是阿卡迪亚国王吕卡翁的女儿，她因为想守护自己贞洁决心追随阿尔忒弥斯左右，是阿尔忒弥斯最钟爱的一个宁芙仙女。在《变形记》的第二卷中，讲述了一个宙斯与卡利斯托的故事，可这个故事却与阿尔忒弥斯息息相关。据记载，卡利斯托在一次打猎过后的休息中，宙斯因为看见了她的美貌，心神荡漾，而他也知道自己的女儿阿尔忒弥斯最看重贞洁，跟在她身边的侍女也是如此，于是他幻化成阿尔忒弥斯的模样，在卡利斯托休息时与她对话。卡拉斯托见是自己最尊敬的女神，连忙起身迎接，毕恭毕敬，可那假的阿尔忒弥斯没讲两句话便亲吻上了卡利斯托，而这时，她才意识到自己面前的女神是假的，她连忙挣扎与逃跑，可面前的人是众神之王宙斯，她根本无法逃脱。最后她只能既害怕又羞愧地回到了阿尔忒弥斯的队伍，遮掩着自己已不是处女的事实。可在一次队伍狩猎完成提议去沐浴时，阿尔忒弥斯发现了卡利斯托逐渐隆起的肚子，阿尔忒弥斯十分生气，认为她破坏了贞洁的原则，这个队伍已经再容不下卡利斯托，她因此被赶了出去。

画中故事

朱庇特伪装的戴安娜与宁芙仙女卡利斯托
JUPITER IN THE GUISE OF DIANA AND THE NYMPH CALLISTO

彼得罗·利卑里（Pietro Liberi）
1640—1687 年
116.8 cm × 170.2 cm

这幅作品中的主角虽然是阿尔忒弥斯与卡利斯托，但左上角厄洛斯抱着一只鹰，那是宙斯的象征，这幅画面是宙斯伪装成阿尔忒弥斯去勾引卡利斯托的时候，他伪装的阿尔忒弥斯用手禁锢住卡利斯托的头，眼神紧紧地盯着她的唇。

狄安娜与卡利斯托 | DIANA AND CALLISTO
彼得·保罗·鲁本斯（Peter Paul Rubens）
1635 年 | 布面油画 | 202.6 cm × 325.5 cm
马德里，普拉多博物馆

阿尔忒弥斯与她的队伍狩猎完正常地去沐浴休憩时，卡利斯托一直不肯脱下她的衣服，并面露难色，女神与其他的仙女不解地看向她。

狄安娜与卡利斯托 | DIANA AND CALLISTO
提香（Titian）
1556—1559 年 | 187 cm × 204.5 cm | 布面油画
伦敦，国家美术馆

阿尔忒弥斯命令仙女们扒开卡利斯托的衣服，发现她怀孕后，阿尔忒弥斯十分生气，将她赶出了队伍。

神域之书

阿尔忒弥斯的主要事迹 - III
FAMOUS STORIES OF ARTEMIS - III

PUNISHMENT FOR AGAMEMNON
阿伽门农的惩罚

赫拉克勒斯的十二项功绩中，有一项是捉刻律尼忒斯的母鹿，鹿是阿尔忒弥斯的圣物，袭击了它们就等于冒犯了阿尔忒弥斯，要么就想办法让女神消气，要么就只能等待女神的惩罚。迈锡尼国王阿伽门农在一次狩猎中无心射杀了阿尔忒弥斯的圣鹿，还大言不惭地自夸自己的箭术媲美阿尔忒弥斯，这无疑触了两次阿尔忒弥斯的逆鳞。于是，在特洛伊战争开始时，希腊大军的舰队准备出战，阿尔忒弥斯使港口无风，舰队无法移动。阿伽门农被告知要是想让女神消气，他必须要向女神献祭出他的女儿伊菲革涅亚。作为父亲，阿伽门农对这个要求感到极度悲伤，陷入了两难境地。最后，为了群体的利益，他依然痛心地将女儿献祭了出去。希腊大军虽然得以顺利出发，可阿伽门农自己最后却换来了王后克吕泰涅斯特拉的报复，这个故事是古希腊悲剧诗人埃斯库罗斯著名的悲剧三部曲《俄瑞斯特亚》中的第一部。可阿尔忒弥斯真的这样狠心吗？ 其实她的最终目的只是为了惩罚无心之失又口无遮拦的阿伽门农，而他献祭出的女儿伊菲革涅亚被阿尔忒弥斯偷偷救走，让她当了自己的侍女。

伊菲革涅亚的牺牲（图1）
THE SACRIFICE OF IPHIGENIA

亚历山德罗·马切西尼 (Alessandro Marchesini)
99.6 cm × 115.6 cm
布面油画

这幅作品描绘了在献祭伊菲革涅亚之时，阿尔忒弥斯下凡阻止，用鹿代替了伊菲革涅亚，而阿伽门农在旁边掩面哭泣，不敢面对这一刻。

克吕泰涅斯特拉在杀死沉睡的阿伽门农之前的犹豫（图2）
CLYTEMNESTRA HESITATES BEFORE KILLING THE SLEEPING AGAMEMNON

皮耶尔-纳西斯·盖兰 (Pierre-Narcisse Guerin)
1817 年 ｜ 布面油画 ｜ 342 cm × 325 cm
巴黎，卢浮宫

虽然最后伊菲革涅亚被阿尔忒弥斯救下，但在王后克吕泰涅斯特拉心中，她依然痛恨阿伽门农献祭女儿的做法，所以在阿伽门农班师回朝时，克吕泰涅斯特拉决定与情夫联手杀死他。

神域之书

阿尔忒弥斯的主要事迹 - IV
FAMOUS STORIES OF ARTEMIS - IV

ENDYMION
恩底弥翁

画中故事

狄安娜与恩底弥翁
DIANA AND ENDYMION

尚-欧诺黑·福拉歌那
(Jean-Honore Fragonard)
1753 或 1756 年
94.9 cm × 136.8 cm
华盛顿,国家美术馆

阿尔忒弥斯虽威严,救出伊菲革涅亚却还是说明了她也有柔软的一面,虽立志终身不嫁,却也还是有芳心暗许的时刻。恩底弥翁是厄利斯国王埃特利俄斯之子,可他并不迷恋王权,反而热爱与自然相伴,他常在小亚细亚的拉特摩斯山放牧,当羊群在草地上吃草时,他便在草地上休憩。有一天阿尔忒弥斯驾着月亮战车经过时瞧见了这位英俊无比的牧羊人,一颗芳心暗许,只悄悄地下来亲吻他,每日都如此,恩底弥翁似乎有所感知,但又觉得像是身处梦中。最后,是宙斯发现了这个端倪,为了断掉人间对女神的诱惑,他给了恩底弥翁两个选择:死亡与永久的沉睡,恩底弥翁选择了沉睡。这便代表阿尔忒弥斯与恩底弥翁再无未来可言,她能做的依旧是每晚出巡时落下一个轻吻。

狄安娜与恩底弥翁 | DIANA AND ENDYMION
弗朗切斯科·索里梅纳 (Francesco Solimena)
1705—1710 年 | 179 cm × 232.8 cm | 布面油画
利物浦,沃克美术馆

这幅画中的男子身形优美,面容英俊,让阿尔忒弥斯在出巡时停下脚步逗留,画中的厄洛斯正把箭向阿尔忒弥斯射出,而阿尔忒弥斯正深情地望着沉睡的恩底弥翁,想必贞洁女神这一刻是真的很喜爱他。

神域之书
77

神圣与世俗之爱的寓言
ALLEGORY OF SACRED AND PROFANE LOVE

米凯莱·德苏布莱奥（Michele Desubleo）
1665—1675 年 | 149.9 cm × 194.3 cm | 布面油画
纽约，大都会艺术博物馆

阿波罗
APOLLO

罗马名称：阿波罗（Apollo）

父：宙斯（Zeus）　母：勒托（Leto）

职能：光明与艺术之神，司掌光明、弓箭、艺术、预言、医疗

象征物

| 七弦琴 | 月桂 | 弓箭 | 太阳 |

阿波罗（Apollo），其罗马名与希腊名同名。在所有的神祇中，他被认为是最具希腊特色的神，所以被称为希腊的民族神。和姐姐阿尔忒弥斯一样，阿波罗并非一开始就被视为太阳神，在古希腊神话里，最正统的太阳神是赫利俄斯。而与阿尔忒弥斯混说的月亮女神塞勒涅也是赫利俄斯的姐姐，阿波罗与赫利俄斯混说之后，才有了阿波罗是太阳神的说法。在此之前，他一直是掌管艺术与远射的神，他也是古希腊神话中最俊美的男神。阿波罗与姐姐阿尔忒弥斯都十分受父亲宙斯的喜爱，但他又同宙斯许多其他的子女一般有着坎坷的出身，纵使母亲是泰坦神也一样受到赫拉的打压，却又不至像母亲是凡人的狄俄尼索斯与赫拉克勒斯那般命运波折。

阿波罗的起源和亲缘关系
ORIGIN AND RELATIVE OF APOLLO

阿波罗出生之际天空泛起金光,除了才华,阿波罗还带着光明出生。

光明里不存在黑暗,他为人们消灾弭难,赋予人们预言真理,他身上职能繁杂,是所有人的光明之神……

流浪之地

吕基亚
LYCIA

吕基亚是安纳托利亚(小亚细亚)半岛的一块古老地区,安纳托利亚半岛位于黑海与地中海之间,构成当代土耳其的大部分领土,吕基亚则在靠近地中海的一侧。古时,吕基亚的崇拜信仰主要为莱托女神与她的两个双胞胎儿女。如今土耳其有一处著名的远足区名为"吕基亚之路",这条步道可以通往莱顿遗址。

莱顿(Letoon)位于土耳其穆拉省费特希耶区,是吕基亚的宗教信仰中心之一,也是吕基亚文明的一处重要考古遗址。人们称这里是莱托生下儿女后为躲避赫拉追杀的"避难所",在那里有三座神庙遗址,一般被认为是供奉莱托、阿尔忒弥斯与阿波罗,神庙里有一块象征着这三位神祇的符号马赛克地板。

《书库》中记载,当勒托被迫落在得罗斯岛生产时,阿尔忒弥斯先出生,出生不久后的她又帮助母亲接生阿波罗;相传阿波罗出生之时,除了赫拉之外的所有女神都过来看他,赫拉本想让分娩女神埃利斯蒂亚阻止勒托分娩,被其他女神用计策化解未能得逞;阿波罗出生的那日,天鹅围绕着得罗斯岛飞了七圈,除了赫拉,所有的女神皆兴高采烈,阿波罗被喂养甘露和仙果后,宣布自己会成为七弦竖琴与射箭的主宰。

拉托娜保护她的孩子们
LATONA PROTECTS HER CHILDREN
安尼巴尔·卡拉奇(Annibale Carracci)
1585 年
90.6 cm × 72.8 cm
布面油画
布拉迪斯拉发,斯洛伐克国家美术馆

勒托在得罗斯岛诞下阿尔忒弥斯与阿波罗后,赫拉依旧继续骚扰他们的生活,勒托只能带着孩子四处流浪。到了吕基亚时,她想从池塘里取捧水喝,受赫拉的命令,吕基亚农民用手搅浑池水,不让勒托饮用,画中的女神怀里还抱着婴儿阿波罗与阿尔忒弥斯,她正把手举起,生气地要将这些农民都变成青蛙。

神域之书
80

| 勒托、阿尔忒弥斯和阿波罗 | 变成青蛙的农民 | 将水搅浑的农民 |

拉托娜与吕基亚农夫
LATONA AND THE LYCIAN PEASANTS
老扬·勃鲁盖尔 (Jan Brueghel the Elder)
1605 年
橡木油画
37 cm × 56 cm
阿姆斯特丹，荷兰国家博物馆

在这幅画中，触怒了女神的农夫们正在一个接一个变成青蛙。

阿波罗的形象特征、职能或技能
CHARACTERISTICS AND ROLES OF APOLLO

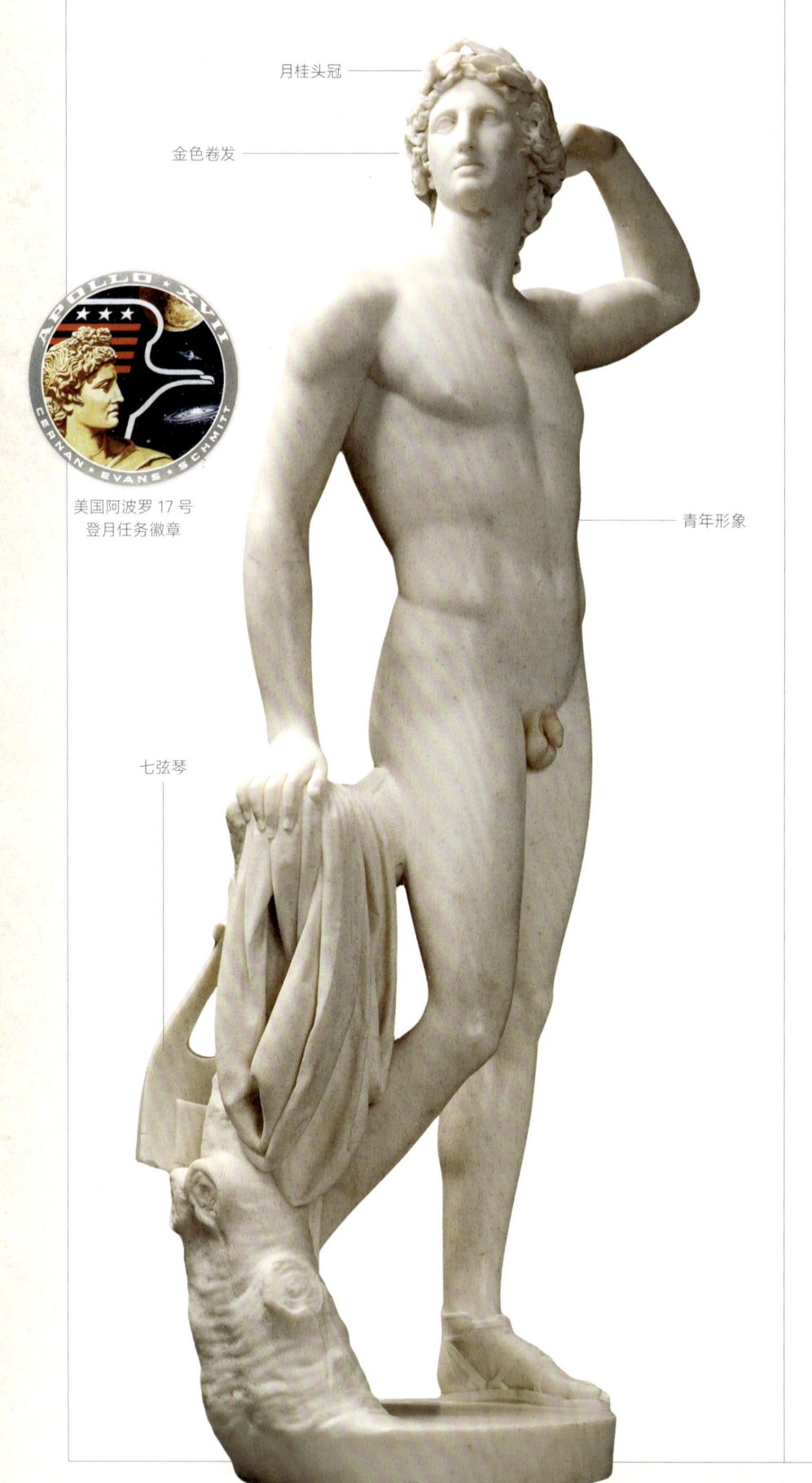

月桂头冠

金色卷发

美国阿波罗 17 号登月任务徽章

七弦琴

青年形象

阿波罗（APOLLO）

神职：光明与艺术之神

司掌光明、弓箭、艺术、预言、医疗

形象：头戴月桂环，手持七弦琴或弓箭的卷发青年

画着阿波罗与七弦琴的黑彩双耳瓶颈部残片

阿波罗的形象通常为金色长卷发的青年男子，手拿七弦竖琴，身背弓箭，头戴月桂环，有时候也会拿着一把金剑，这把金剑是阿波罗出生时便握在手上的，那一刻得罗斯岛上所有的东西几乎都变得金光闪闪，他是带着光明出生的，与掌管太阳的说法结合，阿波罗在很多艺术形象中头上都会散发着太阳般耀眼的光芒。阿波罗除了是光明与艺术的神，还是远射神、医药神以及预言神，在《诸神对话》中，赫拉对勒托说阿波罗在人间各地设了许多预言神庙，用模棱两可的话语来哄骗那些向他寻求神谕的凡人；不管赫拉的话语正确与否，阿波罗的确常常在帕纳塞斯山上的德尔斐神谕所中降下预言，他的女祭司被称为皮媞亚，在当时，德尔斐神庙是非常重要的信仰中心。

福柏　　　阿波罗　　　勒托

德尔斐神庙的女祭司
PRIESTESS OF DELPHI

约翰·柯里尔（John Collier）
1891 年｜16 cm × 8 cm｜布面油画
阿德莱德，南澳美术馆

约翰·弗拉克斯曼（John Flaxman）所作埃斯库罗斯的《欧墨尼得斯》悲剧插图，外祖母福柏在阿波罗出生后送与他神谕之鼎。

画着阿波罗的药剂罐（图2）▶
PHARMACY JAR WITH THE APOLLO

仿妮可·代·莫丹版画
(After an engraving by Nicoletto da Modena)
1545—1550 年
26 cm × 21.9 cm
锡釉彩陶
纽约，大都会艺术博物馆

描绘着奥罗拉与阿波罗座驾的桌面（图1）
TABLE TOP DEPICTING AURORA
AND CHARIOT OF APOLLO

焦阿基诺·巴尔贝里（仿圭多·雷尼）
(Gioacchino Barberi after Guido Reni)
1822 年｜直径 94 cm｜微型马赛克｜纽约，大都会艺术博物馆

中央的微型马赛克画仿圭多·雷尼的《奥罗拉》，黎明女神奥罗拉在前面引领，阿波罗座驾周围环绕着时序女神。

雕刻着阿波罗弹琴的圣甲虫形宝石，嵌于黄金旋转戒指中（图3）▶
ENGRAVED SCARAB WITH APOLLO
PLAYING THE LYRE SET IN
A GOLD SWIVEL RING

公元前 350—公元前 325 年
1.6 cm × 1.3 cm × 1 cm
宝石浮雕
洛杉矶，盖蒂中心

神域之书
83

阿波罗的密友
APOLLO'S CLOSE FRIENDS

阿波罗掌管的职能复杂，涉及多个领域，凡间遍布着他的信徒，每一个都在不同的领域寻求他的庇护。他俊美无双，才华横溢，就算在神祇间也备受瞩目。古希腊神话中，他与多位神祇有着紧密的联系，他们之间分享着知识、智慧和艺术，而与他关系最为交好的，要数与他同为宙斯子女的雅典娜、赫尔墨斯与缪斯女神。

雅典娜
ATHENA
父：宙斯 | 母：墨提斯

阿波罗
APOLLO
父：宙斯 | 母：勒托

赫尔墨斯
HERMES
父：宙斯 | 母：迈亚

缪斯女神
MUSES
父：宙斯 | 母：谟涅摩叙涅

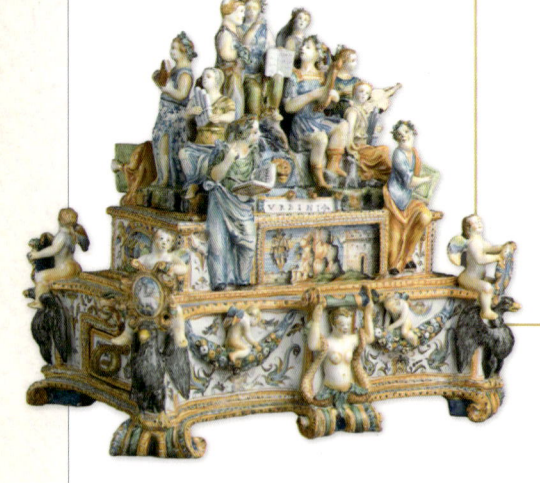

阿波罗与缪斯墨水台
INKSTAND WITH APOLLO AND THE MUSES
帕塔纳齐家族工作室（Workshop of the Patanazzi family）
1584年 | 48.3 cm × 52.1 cm × 37.8 cm | 锡釉彩陶
纽约，大都会艺术博物馆

I
艺术同好

雅典娜虽是智慧与战争的女神，但她同时也有掌管艺术的职责，尤其是手工艺，所以她与阿波罗、缪斯的关系十分不错，在很多艺术作品中，他们都会相聚在一起。还记得得罪阿尔忒弥斯被要求献祭女儿的阿伽门农吗？他在被王后克吕泰涅斯特拉杀死后，阿波罗唆使他们的儿子俄瑞斯忒亚弑母为父报仇，之后俄瑞斯忒亚却遭到复仇女神的报复。在《俄瑞斯忒亚》悲剧三部曲中，阿波罗为保护俄瑞斯忒亚，让赫尔墨斯给他引路，守护他去雅典寻求雅典娜的判决，雅典娜站在了阿波罗这边，为俄瑞斯忒亚宣判无罪。在很多时候，阿波罗与雅典娜都会赞同对方的意见，他们都着力守护宙斯建立的秩序和法规，传播宙斯的意旨。

II
不打不相识

要论阿波罗的密友，第一个想到的必是神使赫尔墨斯，两人的相识过程属于"不打不相识"。《书库》记载，赫尔墨斯刚出生时，还裹着襁褓便出去偷了阿波罗的牛群，最后被阿波罗发现还闹到了宙斯那里；赫尔墨斯虽耍赖不肯归还牧群，但阿波罗表示愿意用牧群来交换赫尔墨斯用龟壳自制的竖琴，赫尔墨斯同意了，这把竖琴被认为是阿波罗常拿在手上的那把。而后赫尔墨斯又做了一杆长笛，阿波罗用自己赶牧的金竿和教他占卜术的条件又与他交换，这根金竿也被认为是如今赫尔墨斯手上拿的双蛇杖，后来为了让赫尔墨斯回去奥林匹斯山，阿波罗还亲自去劝说赫拉，赫尔墨斯对此感激不尽。

III
上下级与知己

很多时候阿波罗的身边会跟着一群女神，她们是艺术与科学的化身，人们把阿波罗视为掌管缪斯的艺术之神；对缪斯女神来说，阿波罗既是上司，是艺术的知己，也是好友，他们还同为宙斯的子女。阿波罗会与缪斯女神们在帕纳塞斯山上进行艺术创作，同时，他们除了吟诗作对也会载歌载舞，与狄俄尼索斯丛林里的狂欢不同，可这两者除了都同为聚会在性质上其实大相径庭，丛林的狂欢是欲望的发泄，帕纳塞斯山上的聚会是艺术灵感的迸发，因此，帕纳塞斯山在后世也有诗坛的意思。

阿波罗与雅典娜告别缪斯,去找阿芙洛狄忒、得墨忒尔和狄俄尼索斯
APOLLO AND ATHENA LEAVING THE MUSES FOR APHRODITE, DEMETER AND DIONYSUS
阿德里亚恩·范·斯塔尔贝姆特(Adriaen van Stalbemt)
1606 年 | 38 cm × 51.7 cm | 铜上油画

雅典娜到帕纳塞斯山上拜访阿波罗
PALLAS ATHENE VISITING APOLLO ON THE PARNASSUS
阿诺德·霍布拉肯(Arnold Houbraken)
1703 年 | 71 cm × 96 cm | 布面油画
多德雷赫特,多德雷赫特博物馆

理查德·厄洛姆(Richard Earlom)于 1776 年所作《真理之书》插图,赫尔墨斯从阿波罗那里偷了阿波米图斯的牛

阿波罗与赫尔墨斯的故事
STORY OF APOLLO AND HERMES
诺埃尔·科佩尔(Noël Coypel)
1688 年 | 106 cm × 99 cm | 布面油画
巴黎,凡尔赛宫

阿波罗与缪斯
APOLLO AND THE MUSES
查尔斯·梅涅尔(Charles Meynier)
18 世纪末期 | 布面油画 | 克利夫兰,克利夫兰艺术博物馆

神域之书
85

阿波罗的主要事迹 - I
FAMOUS STORIES OF APOLLO - I

KILLING PYTHON
杀死皮同

画中故事

德尔斐神庙	皮同杀死牛羚
TEMPLE OF DELPHI	PYTHON KILLING A GNU

德尔斐 (Delphi) 是希腊福基斯州的一处城镇，在古时又叫做皮托 (Pytho)，取自盘踞德尔斐神庙的巨蟒皮同 (Python) 之名。阿波罗杀死皮同后，这里被作为圣地供奉阿波罗神。德尔斐神庙从此也被叫作阿波罗神庙，里面居住着传达阿波罗神谕的女祭司，她们统称为皮媞亚 (Pythia)。

以前人们认为德尔斐是世界的中心，是大地的肚脐，皮同盘踞于德尔斐的任务是替母亲盖亚守护一块有预言之力的肚脐石，而最初传达德尔斐神谕的神明也被认为是大地之母盖亚。这座雕塑里的皮同正在绞杀着一头身量比它大得多的牛羚，它缠绕禁锢住牛羚的身体，一口咬断了牛羚的喉咙。

在阿波罗成为德尔斐神庙的主人之前，是巨蟒皮同在看管着德尔斐；据《书库》记载，皮同不让阿波罗靠近德尔斐神庙，阿波罗便把它杀了。也有说法是当初勒托怀着阿尔忒弥斯与阿波罗四处奔走时，赫拉曾派皮同过去追赶，阿波罗长大后便去把皮同杀了。但皮同是大地之母盖亚的儿子，宙斯斥责阿波罗的行为亵渎了神，于是阿波罗便举办了皮提亚竞技会以弥补，此后，这个竞技会成为了古希腊人祭拜阿波罗的重要活动，竞技活动主要以文艺活动为主。

阿波罗与皮同
APOLLO AND THE PYTHON
科内利斯·代·沃斯 (Cornelis de Vos)
彼得·保罗·鲁本斯 (Peter Paul Rubens)
1636—1638 年 | 188 cm × 265 cm | 布面油画
马德里，普拉多博物馆

下面这幅作品中，阿波罗用弓箭射杀了皮同，可阿波罗的视线所及之处，是厄洛斯在用他的小弓箭对着阿波罗，这两位大弓箭手与小弓箭手之间渊源也不浅。

阿波罗的主要事迹 - II
FAMOUS STORIES OF APOLLO - II

PURSUING DAPHNE
追求达芙妮

奥维德《变形记》记载，阿波罗在看到厄洛斯把玩弓箭时，曾对他说过弓箭并不适合他这个小男孩来玩；对阿波罗而言，他是弓箭的守护神，弓箭是打败怪物和敌人的重要武器，而不是用来串联爱情的东西。厄洛斯听到这话很生气，为了报复阿波罗，他准备了一支金箭和铅箭，金箭会让人陷入爱情，铅箭却会让人产生仇恨。于是，他把金箭射向了阿波罗，把铅箭射向了宁芙仙女达芙妮。这让阿波罗开始对达芙妮展开了激烈的追求，而达芙妮信奉阿尔忒弥斯的意志，保持贞洁永不婚嫁，被铅箭射中的达芙妮对阿波罗更是厌恶，她只能一直逃避，可有一次阿波罗儿乎要追了上来，达芙妮悲伤地祈求她的父亲河神佩纽斯把她变成树，让阿波罗无法拥有她。佩纽斯答应了她的要求，达芙妮就在阿波罗的眼前渐渐地变成了一棵月桂树，躯干变成了树干，头发变成了枝叶；阿波罗伤心不已，却依然宣告要把她的月桂枝叶做成头冠，缠于竖琴和箭筒，永远与她相伴。

阿波罗与达芙妮（图1）
APOLLO AND DAPHNE
西奥多尔·范·图尔登 (Theodoor van Thulden)
彼得·保罗·鲁本斯 (Peter Paul Rubens)
1636—1638 年 | 193 cm × 207 cm | 布面油画
马德里，普拉多博物馆

阿波罗与达芙妮（图2）
APOLLO AND DAPHNE
汉斯·冯·库姆巴赫 (Hans Süss von Kulmbach)
1502 年
木刻版画
华盛顿，国家美术馆

纹章盘：阿波罗的故事
ARMORIAL DISH: THE STORY OF APOLLO
弗朗切斯科·桑托·阿韦利 (Francesco Xanto Avelli)
直径 26.6 cm | 锡釉彩陶 | 纽约，大都会艺术博物馆

阿波罗与达芙妮 | APOLLO AND DAPHNE
俄耳甫斯传奇大师 (Master of the Orpheus Legend)
直径 5.4 cm | 青铜浮雕 | 华盛顿，国家美术馆

阿波罗的主要事迹 - III
FAMOUS STORIES OF APOLLO - III

MUSIC COMPETITION
音乐比赛

优秀的人往往会被人当作目标去挑战，多才多艺的太阳神阿波罗自然也不例外。第一位挑战者是神使赫尔墨斯的儿子潘，他是掌管田野、羊群、树林的牧神，他常常吹奏潘笛，在自然与原野中产生的乡村旋律质朴又轻快，潘决定挑战一下阿波罗音乐之神的地位。他们让山神特莫罗斯来当裁判，可当阿波罗的竖琴声一出来，潘的笛子一下就黯然失色，特莫罗斯立马就把胜利颁给了阿波罗。可这个结果只有潘的忠实拥护者迈达斯是不同意的，他是弗里吉亚的国王，阿波罗认为他没有欣赏音乐的能力，便把他的耳朵变成了驴耳朵。

第二位挑战者是萨堤尔[1]马耳叙阿斯，他捡到了雅典娜发明又丢弃的一支长笛，因为雅典娜觉得吹奏长笛时脸颊鼓鼓的十分不美观，便把它丢掉了，甚至在上面下了诅咒：谁捡到它便会变得不幸。马耳叙阿斯捡到它后吹奏出了美妙的音乐，觉得自己可以与阿波罗媲美，便向阿波罗发起了挑战，他甚至嘲讽阿波罗只空有美丽的外表其实里子一无是处，这话惹得缪斯与雅典娜都暗自发笑。胜利的奖品是胜利者可以对失败者提任何条件，结果毫无疑问，阿波罗依旧赢得了这次比赛，因为马耳叙阿斯对他不敬，阿波罗剥了他的皮作为自己的奖品。

1. 萨堤尔（satyr）：羊男，森林之神，以放纵、淫荡、狂欢闻名，狄俄尼索斯的随从。

潘与阿波罗的音乐比赛（图1）
THE MUSIC COMPETITION OF PAN AND APOLLO
戈德弗里德·梅斯（Godfried Maes）
1690年 | 66 cm × 86.5 cm | 布面油画
布拉迪斯拉发，斯洛伐克国家美术馆

这幅作品中，山神特莫罗斯把手伸向阿波罗一方，代表了阿波罗胜利，有着羊脚的是牧神潘，他显得较为冷静，反而是他右边的迈达斯在不满这个结果，激烈地争论着，仔细一看，他的耳朵已经被变成了驴的耳朵。

阿波罗与马耳叙阿斯 | APOLLO AND MARSYAS（图2）
巴尔托洛梅奥·曼弗雷迪（Bartolomeo Manfredi）
1616—1620年 | 布面油画 | 95.5 cm × 136 cm
圣路易斯，圣路易斯艺术博物馆

阿波罗的主要事迹 - IV
FAMOUS STORIES OF APOLLO - IV

REVENGE
报仇雪恨

阿波罗当上父亲后,有过多次的丧子之痛,其中他最著名的儿子莫过于阿斯克勒庇俄斯,他本是半人半神的英雄,却被人们尊为"医神"。《书库》记载,阿斯克勒庇俄斯是阿波罗和凡人科洛尼斯的儿子,但由于科洛尼斯对其不忠,阿波罗把她杀了,但把阿斯克勒庇俄斯带到了喀戎那里学习医疗和打猎的技术。阿斯克勒庇俄斯从雅典娜那里得来戈尔贡的血管,一边流出的血能让人起死回生,另一边流出的血却是致命的毒药,阿斯克勒庇俄斯用这血救活了许多人,冥王哈迪斯对此感到不满,宙斯也担心让人不断地起死回生会扰乱人间的秩序,便把阿斯克勒庇俄斯给杀了。阿波罗闻此噩耗伤心不已,愤怒地把为宙斯制造雷霆的巨人库克罗普斯给杀了。宙斯震怒,罚阿波罗给色萨利国王阿德墨托斯当一年牧人,当年赫尔墨斯偷的便是这时候阿波罗看管的牧群。

画中故事
阿斯克勒庇俄斯
ASCLEPIUS

古希腊人认为蛇是一种神圣的动物,它的毒液既可作毒也可用药。阿斯克勒庇俄斯的神庙里居住着蛇群,在他死后,蛇群会为前来神庙寻求庇护的人们舔舐伤口治疗,阿斯克勒庇俄斯的医神杖正是一条蛇盘旋于杖上,当今世界卫生组织的会徽设计也是起源于此。

克里斯皮恩·范德·帕塞二世
[CRISPIJN VAN DE PASSE (II)]
所作奥维德《变形记》插图(图3)

阿波罗把阿斯克勒庇俄斯送到喀戎[2]处教导。

2. 喀戎:伊克西翁与宙斯捏造的假赫拉生下了半人马一族。在天性暴力、荒淫的半人马一族中,喀戎是个例外,他是古希腊神话中著名的贤人,曾是许多英雄的导师。

◀ **赫尔墨斯从阿波罗那偷走阿德墨托斯的牛群**(图4)
HERMES STEALING ADMETUSS' CATTLE FROM APOLLO

理查德·厄洛姆(仿克罗德·洛林)
(Richard Earlom After Claude Lorrain)
1776年 | 29.1 cm × 43 cm | 蚀刻版画
克利夫兰,克利夫兰艺术博物馆

阿波罗在用音乐消解放牧的愁闷时,赫尔墨斯已经悄悄把他的牛群带走。

阿波罗
- 扩展内容 -

EOS
厄俄斯（Ⅰ）
黎明女神

罗马神话中称为奥罗拉（Aurora）

太阳神赫利俄斯与月亮女神塞勒涅的姐姐

化身为光指引新一天的到来

PAGE 90

厄俄斯（Eos）是古希腊神话的黎明女神，也许我们对她的罗马名奥罗拉（Aurora）更为熟悉，有黎明、曙光与极光之意。她是太阳神赫利俄斯与月亮女神塞勒涅的姐姐，当星月渐渐隐去，黑暗透出的一束光亮便是厄俄斯的化身，随后驾驶着太阳战车的赫利俄斯会乘着这一束光亮去照耀世界，代表新一天的到来。特洛伊国王拉俄墨冬有一个叫提托诺斯的儿子，厄俄斯陷入了对他的深深爱恋。提托诺斯是凡人之躯，不朽的神明无法陪伴爱人一起白头偕老，提托诺斯终有一日要自己消亡。在荷马颂诗的《阿芙洛狄忒颂歌》中，为了能与爱人长久地在一起，厄俄斯向宙斯请求赐予提托诺斯不死之身，宙斯答应了。可厄俄斯逐渐发现自己只为提托诺斯求了不死的躯体，却没有永恒的青春。看着自己爱人的身体变得越加衰老和伛偻，厄俄斯惊恐万分，终于，她也看出困在这个年迈身体里的爱人十分痛苦，她含泪将提托诺斯变成了一只蝉，以蝉鸣来铭记爱人。

阿波罗
-扩展内容-

EOS
厄俄斯（II）
黎明女神

罗马神话中称为奥罗拉（Aurora）

太阳神赫利俄斯与月亮女神塞勒涅的姐姐

化身为光指引新一天的到来

PAGE 92

刻法罗斯（Cephalus）是一名优秀的猎手，有一次他打完猎休憩时被黎明女神厄俄斯看到，厄俄斯醉心于他的容貌，于是趁着刻法罗斯在沉眠中就将人带回了自己的住处，可刻法罗斯已有妻子普罗克里斯。在厄俄斯的身边，刻法罗斯依然念着自己远在凡间的妻子，时刻恳求厄俄斯将他放走。厄俄斯也意识到强扭的瓜不甜，便答应放他回去，可她又不甘心，就跟刻法罗斯说普罗克里斯如今并不一定还对他忠贞。刻法罗斯受了挑拨，心中生疑，便乔装打扮成一个男子回到妻子的身边，普罗克里斯并未认出丈夫反而爱上了眼前的男人。

刻法罗斯怒不可遏，卸去伪装指责普罗克里斯的不忠，普罗克里斯看到许久未见的丈夫，又惊又愧地逃走了。之后她当了阿尔忒弥斯的随从，阿尔忒弥斯送给她一根百发百中的标枪与一只猎狗，不久普罗克里斯也伪装成另一个女人的样子回到了刻法罗斯的身边，用刻法罗斯试探她的方法反过来试探刻法罗斯，还把阿尔忒弥斯送给她的礼物也赠予了他，刻法罗斯果然上当，之后普罗克里斯卸下伪装，两人决定重归于好。尽管如此，疑虑像种子一样在两人心中生根发芽，普罗克里斯仍然时常怀疑丈夫在外不忠。在一次刻法罗斯外出打猎时，普罗克里斯悄悄地跟在他后面，被刻法罗斯误以为是猎物而失手射死。

阿波罗
- 扩展内容 -

MUSES
缪斯
文艺女神

宙斯与记忆女神谟涅摩叙涅所生的九个女儿

司掌文艺与科学

被艺术家们称为灵感的化身

PAGE 94

据《神谱》记载,缪斯(Muses)是宙斯与记忆女神谟涅摩叙涅所生的九个女儿,她们最初守护着赫利孔山的灵泉,属于山间的宁芙,而后宙斯让她们司掌文艺与科学,遂被称为文艺女神。以艺术之神阿波罗为首领,她们各司其职,后世艺术家们将突如其来的灵感称为缪斯的降临,赫利孔山的灵泉也因此被称为灵感之泉。众所周知,塞壬拥有非常迷人的歌声,用以迷惑水手们触礁,她们通常被描绘成美人鱼的形象。其实一开始的塞壬是人面鸟身的模样,但她们对自己的歌声引以为傲,因此找了缪斯进行音乐比赛,却惨遭败北,缪斯们拔掉了她们的翅膀编织成了王冠以纪念她们的胜利,塞壬也因此再也无法飞翔。

九位缪斯分别如下:

卡利俄佩(Calliope):司掌英雄史诗,手持笔与写字板。

克利俄(Clio):司掌历史,手持书卷或羊皮纸。

欧忒耳佩(Euterpe):司掌抒情诗与音乐,手持长笛。

塔利亚(Thalia):司掌喜剧与牧歌,手持喜剧面具、牧杖或铃鼓,头戴常春藤。

墨尔波墨涅(Melpomene):司掌悲剧,手持悲剧面具、短剑或棍棒,头戴柏木枝,身穿剧场服装与斗篷。

忒耳普西科瑞(Terpsichore):司掌舞蹈,手持七弦琴,头戴月桂冠。

厄剌托(Erato):司掌爱情诗,手持七弦琴或竖琴,头戴玫瑰花冠。

波吕许谟尼亚(Polyhymnia):司掌颂歌、哑剧与几何学,神情严肃,戴面纱。

乌剌尼亚(Urania):司掌天文学与占星术,手持天球仪,常望向天空。

帕拉斯雅典娜
PALLAS ATHENA
伦勃朗 (Rembrandt)
1655 年 | 118 cm × 91 cm | 布面油画
里斯本, 古尔本基安美术馆

雅典娜的主要事迹 - I
FAMOUS STORIES OF ATHENA - I

PUNISHMENT FOR ARACHNE
阿刺克涅的惩罚

画中故事

纺纱工阿刺克涅的寓言故事
THE FABLE OF ARACHNE THE SPINNER

迭戈·委拉斯开兹（Diego Velazquez）
1656年 | 220 cm × 289 cm | 布面油画
马德里，普拉多博物馆

这幅作品中前景部分是因，远景部分是果，在前景中，我们的视线会不自觉地望向两个正在纺纱的人，第一个是穿着白衫蓝裙的少女，她就是阿刺克涅，第二个便是戴着头巾的老妪，是雅典娜假扮而成，从她光滑的腿部可以看出她并不是一个真正的老妪。在后面的房间里展示的是这场比赛的结果，墙上挂着的毛毯描绘了宙斯强抢欧罗巴的故事，雅典娜认为阿刺克涅蔑视神明，将她变成了蜘蛛永远编织下去。

《变形记》讲述了雅典娜与阿刺克涅的故事，阿刺克涅有一双巧手，织出的物品精巧无比，不仅人们爱看她织造，连仙女们都会在阿刺克涅织造时过来观望，她织造时的每一次绕线、拉线、刺绣都是那么地天衣无缝，大家把她称作为雅典娜的亲传弟子。可阿刺克涅并不喜欢这个说法，她认为自己的织造技艺比雅典娜的更好，便不服地说让雅典娜过来与她比试。但在雅典娜的眼中，阿刺克涅的技艺还不足以与她比较，于是化作一位老妪过来劝说阿刺克涅：她可以与凡间的姑娘比试当头筹，但不要妄想挑战神明。阿刺克涅并不听劝，甚至生气地把老妪骂了一顿，雅典娜也不再劝说，直接变回真身与她比试。在呈现最终成品时，雅典娜的织物惟妙惟肖地还原了故事场景，但阿刺克涅的作品同样令人惊叹，纵使雅典娜也难以挑出任何瑕疵，可内容却是宙斯的风流韵事，这激怒了雅典娜，她感到阿刺克涅丝毫不敬重神明，于是将她变成蜘蛛，日复一日地纺线。

雅典娜假扮的老妪

画中毛毯的图案 ▶

阿刺克涅

雅典娜的起源和亲缘关系
ORIGIN AND RELATIVE OF ATHENA

雅典娜在宙斯的身体中诞生，她穿着母亲为她打造的一身盔甲，继承了母亲的智慧与谋略。

文韬武略，样样精通，她以智慧的火炬点亮了人类前行的道路，是城邦的守护神，也是英雄与智者的信仰与庇护……

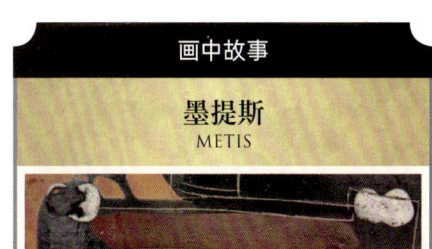

画中故事

墨提斯 METIS

第一代神王乌拉诺斯与盖亚生下的十二泰坦中，有一位大洋河的化身俄刻阿诺斯与一位代表海洋的女神忒堤斯。他们结合又生下了三千河神与三千大洋神女，而墨提斯正是三千大洋神女中的一个。墨提斯善谋略，是代表智慧与沉思的女神，她还善于变换形态，是宙斯哄骗她变成了一只苍蝇，才将其吞之入腹。

赫拉虽是公认的宙斯正妻，但其实雅典娜的母亲墨提斯才是宙斯的第一任妻子，她是智慧与沉思的女神。当年宙斯想把自己的兄弟姐妹从父亲克罗诺斯的肚子里解救出来，是墨提斯帮助他让克罗诺斯喝下了药剂，将吞下的所有孩子都吐了出来。《书库》中记载，面对宙斯的追求，墨提斯曾变幻多样来逃避，可最终还是妥协了。在墨提斯怀孕时，大地之母盖亚曾给出预言，与雅典娜同胎的弟弟将会取代宙斯成为众神之王。宙斯害怕预言成真，便把墨提斯吞入腹中，不让其肚子里的孩子出生。可时间一点一点过去，宙斯的头痛愈演愈烈，于是他叫火神赫淮斯托斯劈开自己的头颅看看是怎么一回事。可在赫淮斯托斯用斧子劈开头颅的一瞬间，全副武装的雅典娜便从里面蹦了出来。

雅典娜的出生（图1）
THE BIRTH OF ATHENA
公元前 570—公元前 550 年
44.2 cm × 82 cm
黑彩陶器
柏林，旧博物馆

这只双耳瓶的第二层图案描绘了雅典娜出生的场景。宙斯拿着雷霆坐在中央的椅子上，他的右边站着农业女神得墨忒尔，左边站着分娩女神厄勒梯亚，在厄勒梯亚的背后站着神使赫尔墨斯，他的左边提着斧子的赫淮斯托斯正在匆匆赶来。而得墨忒尔的身后也站着一众神祇，众神齐聚在一起见证雅典娜出生的场面。

帕拉斯的出生（图2）▶
THE BIRTH OF PALLAS
扬·范·维亚能（Jan van Vianen）
1693 年 | 21.3 cm × 50.6 cm | 蚀刻版画
阿姆斯特丹，荷兰国家博物馆

密涅瓦的诞生 ▲
THE BIRTH OF MINERVA

勒内 - 安托万·豪斯 (Rene-Antoine Houasse)
1688 年前 | 130 cm × 184 cm | 布面油画 | 巴黎,凡尔赛宫

雅典娜的形象特征、职能或技能 - I
CHARACTERISTICS AND ROLES OF ATHENA - I

手举长矛（已丢失）

常以戴头盔的形象出现

身穿希腊长袍

战盾

雅典娜 / 密涅瓦
（ATHENA / MINERVA）

神职：智慧女神、手工艺制作女神、艺术守护神

司掌知识、战争、艺术

形象：经常穿盔甲，手持长矛和战盾，或戴橄榄叶环

　　因雅典娜一出生便被认为是全副武装的，所以她的艺术形象中一直少不了盔甲、长矛与战盾，雅典娜同阿尔忒弥斯一样是三位处女神之一，所以她几乎大部分都身穿着自己的战甲，很少有裸露的时候；但《荷马颂诗》中描述了雅典娜的美貌也曾被众神惊叹，因此她在争夺金苹果的行列当中。当帕里斯无法抉择哪位女神更美时，他要求通过裸体进行判断，此时，雅典娜的头盔、长矛和战盾便成为了辨认她的标志。

　　虽然雅典娜经常一身戎装，给人留下了深刻的女战神形象，但她同时也是智慧女神。雅典娜所代表的战争不是血腥的，而是充满谋略，为守护和平的战争。她也是手工艺制作的女神，特别是纺织技艺。那三位被狄俄尼索斯变成疯女的公主，她们并不信奉酒神的纵欲主义，却信奉雅典娜的手工艺术。在酒神狄俄尼索斯呼吁女人们都去丛林参加聚会时，只有她们依然守在自己的纺织机前。她们感激雅典娜教予她们的纺织术，并认为女子都应该信奉雅典娜。因为雅典娜也是艺术的守护神，所以她与缪斯们和阿波罗关系都非常好，常常到帕纳塞斯山去探望他们。

　　雅典娜的身边有时也会出现猫头鹰的身影，代表着雅典娜与智慧和知识的联系，猫头鹰在希腊是智慧的象征；象征和平的橄榄树也是雅典娜的标志，在雅典娜不穿盔甲的时候，她常穿上自己精心织造的服装，头戴橄榄叶环。

神域之书
100

| 雅典娜 | 绘画的拟人化身 | 菲墨 | 赫尔墨斯 |

雅典娜与赫尔墨斯保护绘画免受无知和诽谤
ATHENA AND HERMES PROTECTING PAINTING AGAINST IGNORANCE AND CALUMNY

西蒙·代·沃斯 (Simon de Vos)
1620—1676 年
40.6 cm × 57.8 cm
板面油画

这幅作品中的左边，雅典娜环抱着一个手持调色盘的女人，她是绘画的拟人化身，雅典娜正守护着她；最右边的赫尔墨斯正用他的双蛇杖保护着那幅画，阻止着批评家们的靠近，画中的内容是阿波罗与潘的那场音乐竞技，迈达斯没有欣赏音乐的能力而被阿波罗变成了驴耳朵；仔细一看，那些批评家也长着驴耳朵，这是画家用来讽刺那些对艺术了解不深却还随意批判艺术的人；作品的上方，长着翅膀吹着小号的是名誉和名声的化身菲墨，她守护名誉痛恨诽谤。

学习中的密涅瓦
MINERVA IN HER STUDY

伦勃朗 (Rembrandt)
1635 年 | 138 cm × 116.5 cm | 布面油画
纽约，莱顿收藏馆

雅典娜头像盒镜盖
BOX MIRROR WITH HEAD OF ATHENA

公元前 330—公元前 270 年
直径 11.3 cm | 青铜浮雕（部分镀金）
克利夫兰，克利夫兰艺术博物馆

镶嵌在空心戒指上的密涅瓦浮雕宝石
CAMEO GEM WITH MINERVA SET INTO A HOLLOW RING

公元 1 世纪 | 1.8 cm × 1.1 cm × 1.3 cm | 宝石浮雕
洛杉矶，盖蒂中心

带盖和支架的立式杯
STANDING CUP WITH COVER AND STAND

约翰·约阿希姆·坎德勒 (Johann Joachim Kandler)
1735 年 | 39.4 cm × 15.9 cm | 锡釉彩陶
纽约，大都会艺术博物馆

神域之书
101

雅典娜的形象特征、职能或技能 - II
CHARACTERISTICS AND ROLES OF ATHENA - II

密涅瓦向罗德斯岛的人们传授雕塑艺术
MINERVA TEACHES THE ART OF SCULPTURE TO THE PEOPLE OF RHODES

勒内 - 安托万 · 豪斯（Rene-Antoine Houasse）
1688 年前 ｜ 122 cm × 207 cm ｜ 布面油画
巴黎，凡尔赛宫

女神密涅瓦
THE GODDESS MINERVA

尚 - 欧诺黑 · 福拉歌那（Jean-Honore Fragonard）
1772 年 ｜ 布面油画
底特律，底特律艺术学院

◀ **帕里斯的审判**
JUDGMENT OF PARIS

亚历山德罗 · 图尔奇（Alessandro Turchi）
1640 年 ｜ 96.8 cm × 134.6 cm ｜ 布面油画
纽约，大都会艺术博物馆

神域之书
103

雅典娜
ATHENA

罗马名称：密涅瓦（Minerva）

父：宙斯（Zeus）　母：墨提斯（Metis）

职能：智慧女神，司掌知识、战争、艺术

象征物

| 猫头鹰 | 橄榄枝 | 纺锤 | 盔甲 |

　　雅典娜（Athena），别名帕拉斯（Pallas），在罗马神话中又称为密涅瓦（Minerva）。阿尔忒弥斯是宙斯最宠爱的女儿，对她事事有求必应；雅典娜则是宙斯最看重的女儿，她既有智慧又有能力，最能委以重任。雅典娜诞生于宙斯的脑中，有着宙斯也无可奈何的力量，因为她出生便带着一面无惧宙斯雷霆的盾。要是评选一个古希腊最强大的神明，除开宙斯，那么雅典娜绝对是提名最多的那位，甚至有她能与宙斯相抗衡一说。除了力量，智慧也是雅典娜的又一代名词，她亲近人类，教予和传授人类手工艺技术。雅典是西方文化的"摇篮"，那正是由智慧女神雅典娜守护的城市。文艺复兴以后，人们把雅典娜视作智慧、艺术及古典学习的象征，并认为她是民主与自由的代表。

诱拐欧罗巴
THE ABDUCTION OF EUROPA

彼得·保罗·鲁本斯 (Peter Paul Rubens)
1628—1629 年 | 182.5 cm × 201.5 cm | 布面油画
马德里，普拉多博物馆

带有阿剌克涅和雅典娜的壁炉钟（摆钟）（图1）
MANTEL CLOCK (PENDULE) WITH ARACHNE AND ATHENA

梅森瓷器 (Meissener Porzellan)
1727 年 | 44 cm × 20.8 cm × 13.5 cm
阿姆斯特丹，荷兰国家博物馆

阿剌克涅 | ARACHNE（图2）

奥托·亨利·巴彻 (Otto H. Bacher)
1884 年 | 蚀刻版画
克利夫兰，克利夫兰艺术博物馆

神域之书
105

雅典娜的主要事迹 - II
FAMOUS STORIES OF ATHENA - II

PROTECTRESS OF ATHENS
| 雅典的守护者

画中故事

雅典卫城
THE ACROPOLIS OF ATHENS

雅典里有一块高于海拔150多米的平顶岩石，上面修筑着雅典卫城，三面被悬崖环抱。雅典卫城是世界文化遗产之一，那里现存的建筑群具有十分重大的历史考古意义，其中最著名的当属供奉雅典娜女神的帕特农神庙。

与阿剌克涅的纺织比赛中，雅典娜的织物作品中描绘了她和波塞冬的雅典之争。他们两个要分别赠予雅典人一件礼物，由雅典人来决定谁来当这座城市的保护神。波塞冬用他的三叉戟敲击地面，海水便从缝中涌了出来，他给了雅典人海水和海上贸易，可海水是无法饮用的；另一说法是波塞冬给了雅典人第一匹马；雅典娜则用她的长矛敲击地面，地上便长出了一株橄榄树，结满了果实，是繁荣与和平的象征，也为雅典人带来了木材、油和食物。雅典人选择了雅典娜作为城市的守护神，雅典这座城市也是根据雅典娜的名字来命名的。

雅典娜与波塞冬的雅典之争，胜利女神尼刻选择了雅典娜
PALLAS ATHENA, FOLLOWED BY THE GOD OF VICTORY NIKE, DISPUTES WITH POSEIDON THE CITY OF ATHENS

科斯坦丁·汉森（Constantin Hansen）
1851—1852年 | 40 cm × 55 cm | 布面油画

雅典娜与波塞冬争夺雅典的命名权 ▼
DISPUTE BETWEEN ATHENA AND POSEIDON OVER THE NAMING OF THE CITY OF ATHENS

勒内 - 安托万·豪斯
(Rene-Antoine Houasse)
1689年 | 130 cm × 184 cm | 布面油画
巴黎，凡尔赛宫

神域之书

雅典娜的主要事迹 - III
FAMOUS STORIES OF ATHENA - III

ERICHTHONIUS
厄里克托尼俄斯

作为处女神之一，阿尔忒弥斯的月亮都曾为恩底弥翁停留，但我们却很少听到关于雅典娜的爱情故事，她没有爱人，没有结婚，却有一个因她凭空出世的"儿子"——厄里克托尼俄斯。那是火神妄图与雅典娜交合却失败了的产物。有一天，雅典娜去找赫淮斯托斯定制武器时，赫淮斯托斯望着女神的貌美面容起了歹念，带着自己的跛脚就要追上女神与她交合，雅典娜逃走之际还是被他追了上来，赫淮斯托斯把精液射到了雅典娜的大腿上，被雅典娜十分嫌弃地用羊毛拭去扔到了地上，可是这些精液却与大地之母盖亚孕育出了厄里克托尼俄斯。

厄里克托尼俄斯
BIRTH OF ERICHTHONIUS
赫尔蒙纳克斯 (Hermonax)
公元前 470—公元前 460 年 | 39 cm × 19.3 cm | 红彩陶器
慕尼黑，州立古典珍品陈列馆

画中故事

盖亚将厄里克托尼俄斯交给雅典娜
GAIA ENTRUSTS ERICHTHONIUS TO ATHENA

厄里克托尼俄斯出生后由雅典娜带走，交给雅典的第一任国王刻克洛普斯抚养长大，尽管雅典娜厌恶赫淮斯托斯的行径，但她待这个因她而出世的孩子还是多有庇护。刻克洛普斯也是大地的孩子，上半身是人，下半身是蛇，这种直接诞生于土地的人被称为"土著"，他们扎根和归属于这片土壤。长大后的厄里克托尼俄斯继承了刻克洛普斯的雅典王位，他创立了泛雅典赛会来纪念雅典娜，并在雅典卫城设立了女神的木制雕像。除了敬奉女神，厄里克托尼俄斯对百姓也是多有善举，他教导百姓如何利用马匹牵拉车驾，如何冶炼银器，如何用犁耕地，他还发明了四马二轮战车，据说这是根据太阳战车的模样创造的，他曾用这种战车战胜了妄图篡位的敌人。为了纪念厄里克托尼俄斯的聪明才智与壮举，在他死后，宙斯将他升上天空，成为御夫座。

◀ **雅典娜蔑视赫淮斯托斯的求爱**
ATHENA SCORNING THE ADVANCES OF HEPHAESTUS
巴里斯·博尔多内 (Paris Bordone)
1555 年 | 139.4 cm × 127.7 cm | 布面油画
哥伦比亚，艺术与考古博物馆

伏尔甘
VULCAN

雅各布·马塔姆（Jacob Matham）
1586—1631 年 ｜ 38.4 cm × 28.3 cm ｜ 蚀刻版画
伦敦，大英博物馆

赫淮斯托斯
HEPHAESTUS

罗马名称：伏尔甘（Vulcan）

父：宙斯（Zeus）　母：赫拉（Hera）

职能：火与工匠之神，司掌冶炼、锻造、修筑

象征物

| 锤子 | 钳子 | 风箱 | 铁砧 |

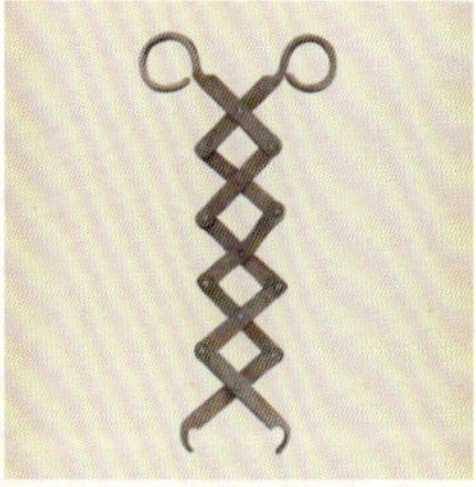

赫淮斯托斯（Hephaestus），在罗马神话中称为伏尔甘（Vulcan）。神的孩子不一定个个都英俊貌美，赫淮斯托斯便是个例外。他活像个幸运的倒霉孩子，明明生于赫拉腹中，本想着能尊贵无忧地长大，不用遭受赫拉的残害，却因为身体外貌的缺陷被母亲从天上扔下；在他一众的兄弟姐妹中，他明明生得最丑陋，却娶到了最美的女神阿芙洛狄忒，可这份幸运却紧接着不幸，他发现了阿芙洛狄忒与他的亲兄弟阿瑞斯偷情，还引得诸神都前来围观，知道了他被戴绿帽的丑事；在追求女神雅典娜时，也被嫌恶地拒绝了。可他真的这般一无是处吗？答案肯定是否定的，赫淮斯托斯也是十二主神之一。虽然他遭受过许多的嫌弃，长相丑陋，也不像其他兄弟姐妹那般骁勇善战，但他也是个非常重要的角色，他拥有一身好技艺，能锻造各种各样的好武器，诸神之中几乎大部分的武器都是由他锻造的，没有了他的存在，古希腊神话也会缺少一部分色彩。

赫淮斯托斯的起源和亲缘关系
ORIGIN AND RELATIVE OF HEPHAESTUS

赫淮斯托斯有三个母亲，虽因生来残疾不受生身之母赫拉的待见，但却幸运地拥有另外两个母亲的关怀。

他天生充满缺憾却享有弥补，无论外表如何，只一双巧手就足以让他受到人们的惊叹与推崇……

画中故事

大洋神女欧律诺墨
EURYNOME

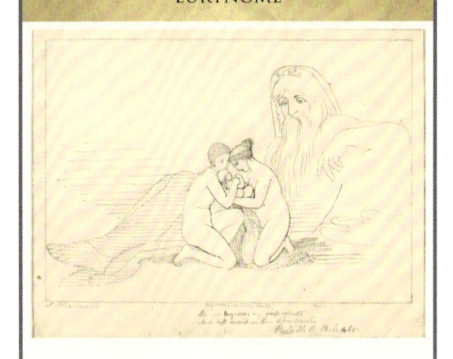

欧律诺墨是三千大洋神女之一，她在父亲大洋河俄刻阿诺斯（Oceanus）的岸边与忒提斯一齐将赫淮斯托斯抚养长大。

海洋女神忒提斯
THETIS

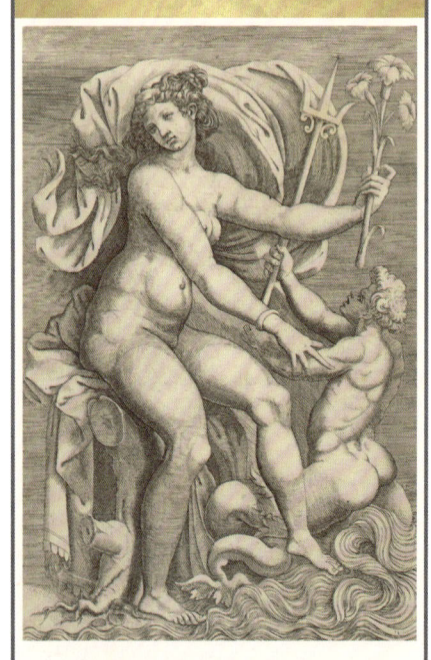

忒提斯与欧律诺墨也有亲缘关系，她的母亲多丽丝（Doris）也是三千大洋神女之一，父亲则是盖亚与蓬托斯之子海神涅柔斯（Nereus）。忒提斯与外祖母忒堤斯（Tethys）的名字相近，容易混淆。

关于赫淮斯托斯的诞生，《书库》中记载他是由赫拉单性生殖出来的儿子，但在其他的典籍中，赫淮斯托斯都会被公认成宙斯与赫拉的孩子。赫淮斯托斯腿脚不便，具有残疾，关于他的跛脚也有颇多说法：一是他为了替赫拉向宙斯求情，被宙斯抓住双脚扔下了奥林匹斯山，直到日落才坠落到利姆诺斯岛，被辛提埃斯人救助，由此落下腿疾。而在《伊利亚特》的第八卷中，却又说到他一降生便带有跛脚，赫拉嫌弃他的丑陋容貌和身体残疾，为了掩盖这个事实，把他从天上丢下。之后赫淮斯托斯被大洋神女欧律诺墨和海洋女神忒提斯收养长大，他们一起在海岸的洞穴住了九年，赫淮斯托斯十分尊敬他的这两位再生母亲，经常给她们制作一些饰物，像纽扣、卡针、手镯与项链。

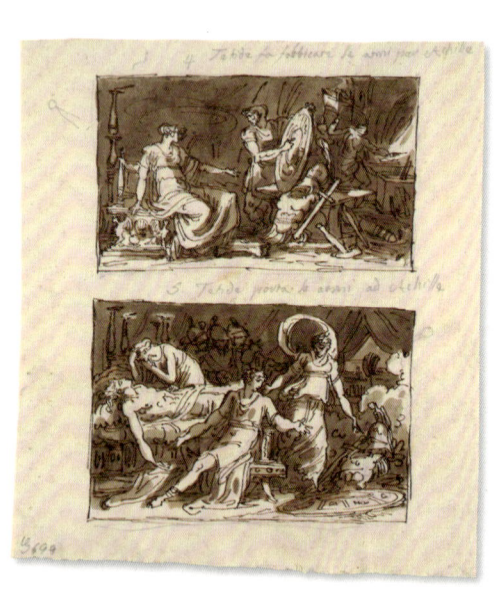

忒提斯在赫淮斯托斯的作坊，忒提斯给阿喀琉斯展示盔甲
THETIS IN THE WORKSHOP OF HEPHAESTUS；
THETIS SHOWING THE ARMOR TO ACHILLES

费利斯·贾尼（Felice Giani）
1802—1805 年 | 21.2 cm × 20.1 cm | 钢笔画
纽约，库珀·休伊特国立设计博物馆

赫淮斯托斯（伏尔甘） 　　手握锻造用的锤子 　　忒提斯

宙斯在追求忒提斯时，曾有预言说忒提斯所生之子会比他的父亲更加强大。因为害怕预言成真威胁到自己的统治，宙斯不得不割爱把她嫁给了凡人珀琉斯；忒提斯与珀琉斯育有一子叫阿喀琉斯。特洛伊战争之时，作为希腊英雄的一方，阿喀琉斯的好友帕特罗克洛斯穿上了他的盔甲前去作战，却被特洛伊的王子赫克托尔杀死，阿喀琉斯悲痛欲绝，决定为好友报仇，于是他的母亲忒提斯去寻找赫淮斯托斯，恳求他帮自己的儿子阿喀琉斯打造一身新的盔甲。

忒提斯收到伏尔甘为阿喀琉斯锻造的盔甲
THETIS RECEIVES THE NEW ARMOUR FOR ACHILLES IN VULCAN'S FORGE
安东尼·范·戴克（Anthony van Dyck）
1630—1632 年 ｜ 107 cm × 144.5 cm ｜ 布面油画
波茨坦，无忧宫画廊

神域之书
111

赫淮斯托斯的形象特征、职能或技能
CHARACTERISTICS AND ROLES OF HEPHAESTUS

赫淮斯托斯 / 伏尔甘
（HEPHAESTUS / VULCAN）

神职：火神、铁匠神、工匠神

司掌冶炼、锻造、修筑

形象：头戴毡帽，光膀子，身穿围裙，长着胡须的形象

常与锤子、钳子、火炉、风箱一起出现

图中标注：
- 手握锤子（已丢失）
- 胡须
- 光膀子
- 铁砧
- 在文艺复兴时期的作品中，火神通常表现为残疾的铁匠形象

一枚刻画赫淮斯托斯正使用工具进行锻造工作的铜牌

　　赫淮斯托斯是火神、铁匠神、工匠神，他掌管着一切冶炼、锻造和修筑的事物，奥林匹斯山上不少的宫殿都由他亲自打造，诸神的许多武器也由他亲自锻造，他有着高超的技艺和不少精妙的发明。赫淮斯托斯很少外出，他更喜欢待在他的铁匠铺，与他的火炉、风箱和锤子为伍。在刻画赫淮斯托斯的形象时，很多时候他身处的环境都是忽明忽暗、只闪着昏黄火光的铁匠铺，而他则经常光着膀子，抡着锤子，有时候他的头上也会戴着毡帽，身上系着围裙。在身材上，他不像其他兄弟那般高大魁梧，相比之下会显得较为矮小，在面貌上，也不够英俊潇洒，长着胡须，不修边幅。

神域之书
112

赫淮斯托斯　阿芙洛狄忒　　　　　　　阿波罗　赫淮斯托斯

阿波罗与伏尔甘
APOLLO AND VULCAN

4.3 cm × 4 cm
镀银青铜浮雕
华盛顿，国家美术馆

▲ **画着伏尔甘的调料碟**（图1）
SAUCE BOWL WITH VULCAN

弗朗切斯科·桑托·阿韦利
(Francesco Xanto Avelli)
1539年 | 直径17.1cm | 锡釉彩陶
伦敦，大英博物馆

◀ **伏尔甘在打造朱庇特的雷霆**（图2）
VULCAN FORGES JUPITER'S LIGHTING

安东尼奥·德尔·波拉约洛
(Antonio del Pollaiolo)
15世纪 | 高20.5cm | 古铜雕塑
佛罗伦萨，佛罗伦萨国际古董双年展

宙斯的武器雷霆一般被认为是独眼巨人为了答谢宙斯将他们从塔尔塔罗斯救出而打造的武器，但在后来又有说法为是赫淮斯托斯为宙斯打造了雷霆，三位独眼巨人则成为了他的助手。

伏尔甘在打造朱庇特的雷霆（图3）▶
VULCAN FORGING THE THUNDERBOLTS OF JUPITER

彼得·保罗·鲁本斯 (Peter Paul Rubens)
1636—1638年 | 182.5 cm × 99.5 cm | 布面油画
马德里，普拉多博物馆

神域之书
113

赫淮斯托斯锻造的神器
DIVINE EQUIPMENT FORGED BY HEPHAESTUS

II - GIRDLE OF APHRODITE
爱情腰带

这条爱情腰带便是赫拉曾经向阿芙洛狄忒借走的那一条，它不仅精美无比，还带有神奇的爱情魔力，无论是谁佩戴上它都会让他人对自己深深着迷。赫淮斯托斯也曾制作过许多其他的饰物送予阿芙洛狄忒来讨她欢心。

I - THE SHIELD OF ACHILLES
阿喀琉斯之盾

阿喀琉斯之盾不仅是面武器，也是面精美的艺术品，据《伊利亚特》记载，这面盾有五层，赫淮斯托斯在上面精心装饰，配以银色的肩带；他在盾上描绘了婚礼、聚会、审判、突击、埋伏、战争、耕作、收获、美酒、牛群、羊群以及舞蹈一共十二个场面。

III - BRONZE CLAPPER
青铜拍板

赫淮斯托斯打造的青铜拍板即是赫拉克勒斯用来赶走斯廷法利斯怪鸟的那一副，由雅典娜赠予赫拉克勒斯。

V - AEGIS
埃癸斯神盾

关于埃癸斯神盾的主人有两个说法，一说为宙斯所有，又称宙斯之盾，一说为雅典娜所有，又称雅典娜之盾。由赫淮斯托斯以山羊皮打造而成，刀枪不入，连宙斯的雷霆都无可奈何。而它的特征是中间放上了美杜莎的头颅，任何人接触到了美杜莎的目光后都会石化。

VI - WINGED HELMET AND WINGED SANDALS
翼帽和翼鞋

赫尔墨斯作为神使常常要到各处传递消息，赫淮斯托斯给他打造的翼帽和插翼凉鞋让他健步如飞。

VII - 厄洛斯之弓
厄洛斯之弓

厄洛斯之弓即丘比特之箭，一支金箭，一支铅箭，金箭生爱，铅箭生厌。

IV - SUN CHARIOT
太阳战车

赫利俄斯的战车也是赫淮斯托斯打造的。尽管阿波罗与赫利俄斯经常被混为一谈，但在希腊神话中，最正统的太阳神还是赫利俄斯，在驾驶太阳战车这件事上也被认为是赫利俄斯的专属。太阳战车是金黄色的车身，由四匹马牵引着，赫利俄斯会在晨时坐上战车出巡直至夜晚的降临，也代表了他是太阳的化身，晨起昏落。

赫淮斯托斯的主要事迹 - I
FAMOUS STORIES OF HEPHAESTUS - I

BACK TO MOUNT OLYMPUS
返回奥林匹斯山

赫淮斯托斯对赫拉因为他的跛脚而将他从奥林匹斯山上扔下之事十分记恨，为了报复赫拉，长大后的他再次登上奥林匹斯山，赠给赫拉一把金椅子。这把金椅子表面看起来精美无双，讨得赫拉极其欢心，可椅子里却暗藏玄机，赫淮斯托斯在里面安装了隐形的镣铐，除了他谁也没有办法将镣铐打开。坐下金椅子的赫拉再也起不来，着急忙慌地寻求宙斯帮助，宙斯对此也是十分无奈，他与其他神明不断地对赫淮斯托斯进行劝说，诚恳地邀请他回到奥林匹斯山居住，并希望他能将赫拉从椅子上解开，但赫淮斯托斯果断地拒绝了，继续待在他的铁匠铺，最后还是酒神狄俄尼索斯亲自上门劝说，将他灌醉后，用驴驮着他回到奥林匹斯山。

◀ 赫淮斯托斯返回奥林匹斯山（图1）
HEPHAESTUS RETURNS TO MOUNT OLYMPUS
公元前535—公元前515年
高41.5 cm
黑彩陶器
维也纳，艺术史博物馆

▼ 火神与酒神的回归
RETURN OF HEPHAESTUS AND DIONYSUS
书籍插图，1616年

狄俄尼索斯坐在由豹子拉着的战车上，陪伴驴上的赫淮斯托斯返回奥林匹斯山，赫拉和宙斯在云上迎接他们，与宙斯的兴高采烈不同，赫拉的脸上布满愁云。云层下面是利姆诺斯岛，那是赫淮斯托斯被从奥林匹斯山上扔下降落的地方。

赫淮斯托斯的主要事迹 - II
FAMOUS STORIES OF HEPHAESTUS - II

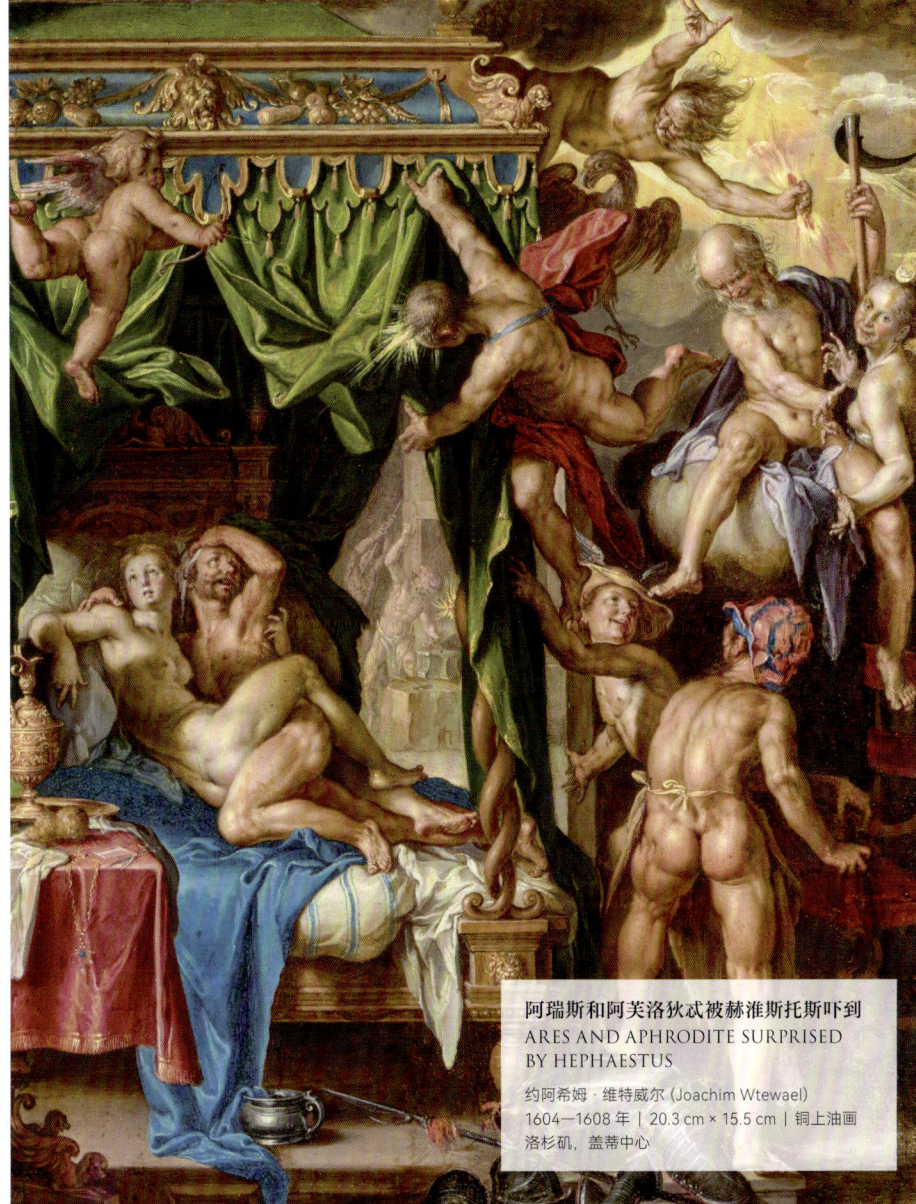

APHRODITE AND ARES
阿芙洛狄忒与阿瑞斯

◀ 阿波罗在伏尔甘的铁匠铺
APOLLO IN THE FORGE OF VULCAN
迭戈·委拉斯开兹（Diego Velazquez）
1630 年 | 223 cm × 290 cm | 布面油画
马德里，普拉多博物馆

阿波罗来到赫淮斯托斯的铁匠铺告知他他的妻子阿芙洛狄忒与战神阿瑞斯有染，与阿波罗面对面相视的是火神赫淮斯托斯，他与他的帮手看起来都是一身铁匠打扮，丝毫看不出他竟也是奥林匹斯山的十二位主神之一，赫淮斯托斯瞪大了眼睛不愿相信，而铁匠铺的帮手们显然也对此事感到十分惊讶，纷纷停下了手里的活计。

赫淮斯托斯最伟大的功绩便是留下了许多不朽的武器、器具及建筑，他在古希腊神话中处处留下了自己的影子，可却不常作为主角穿插于诸神的故事中，但有一事是例外，在抓阿芙洛狄忒与阿瑞斯偷情一事之中，虽不那么光彩，但他却是实打实的主角。在《诸神对话》中，赫尔墨斯曾找到阿波罗，与他分享赫淮斯托斯发现了阿芙洛狄忒与阿瑞斯偷情一事。在这里其实也有阿波罗与赫利俄斯混淆的概念，赫尔墨斯的话中谈到是赫利俄斯发现了阿瑞斯进了阿芙洛狄忒的房间，随后向赫淮斯托斯告的密，阿波罗与赫尔墨斯这对好兄弟反而还在一起八卦。但在许多的绘画作品中，阿波罗被认为是阿瑞斯与阿芙洛狄忒偷情一事的告密者。在塑造告密者的形象时，画家加上了象征阿波罗的月桂冠。

在《变形记》的第四卷中，当太阳神将阿芙洛狄忒与阿瑞斯偷情一事告知了赫淮斯托斯后，他勃然大怒，立马用铜丝打造了一张用肉眼几乎看不见的网，比羊毛和蜘蛛丝还要细，赫淮斯托斯把这张网铺到了床上。阿芙洛狄忒与阿瑞斯再次偷情时，这张无法用肉眼捕捉到的网笼罩住了他们，这时赫淮斯托斯推开大门进来，还把诸神也请了进来。

阿瑞斯和阿芙洛狄忒被赫淮斯托斯吓到
ARES AND APHRODITE SURPRISED BY HEPHAESTUS
约阿希姆·维特威尔（Joachim Wtewael）
1604—1608 年 | 20.3 cm × 15.5 cm | 铜上油画
洛杉矶，盖蒂中心

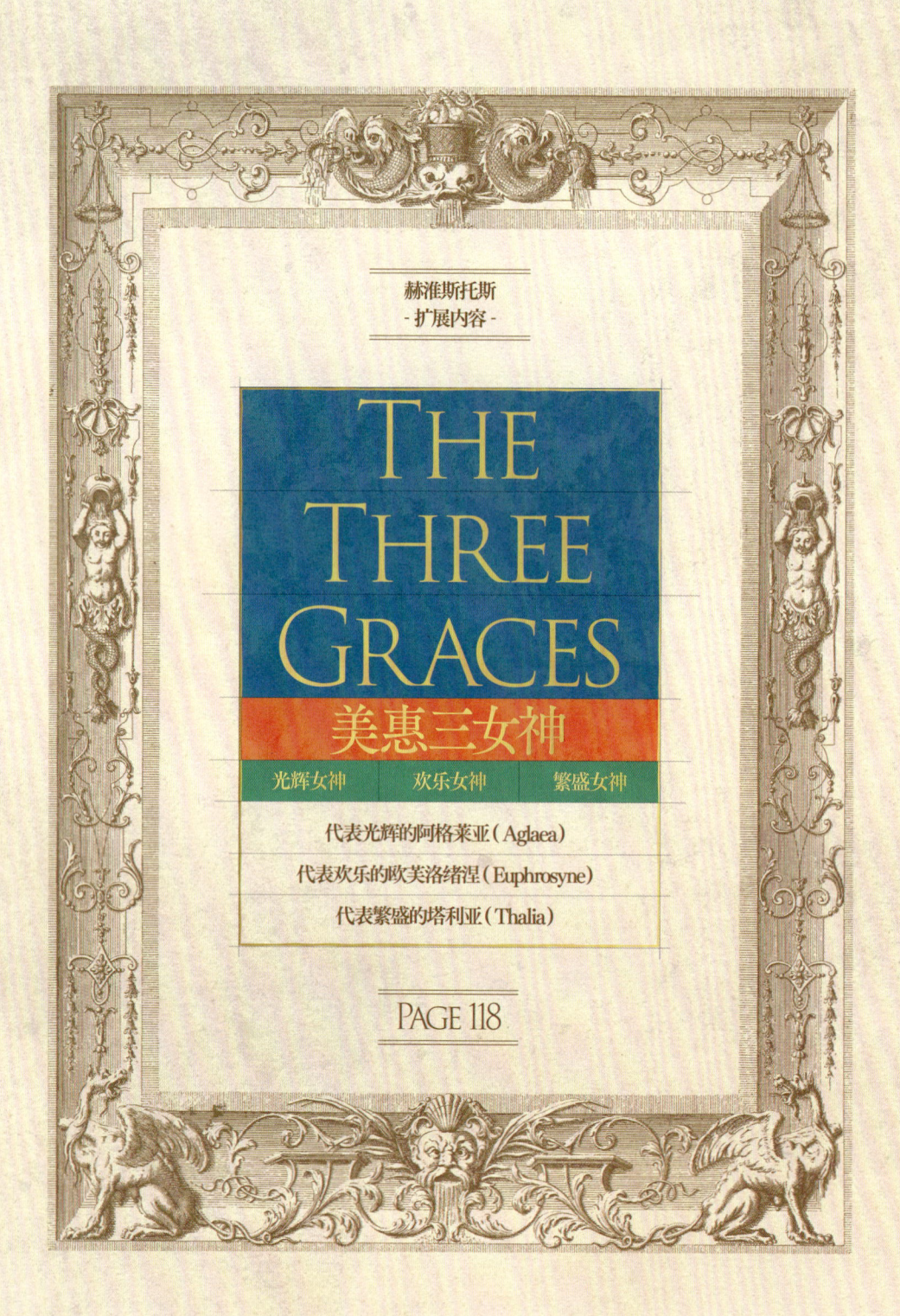

赫淮斯托斯
- 扩展内容 -

THE
THREE
GRACES
美惠三女神

| 光辉女神 | 欢乐女神 | 繁盛女神 |

代表光辉的阿格莱亚（Aglaea）

代表欢乐的欧芙洛绪涅（Euphrosyne）

代表繁盛的塔利亚（Thalia）

PAGE 118

美惠三女神是真善美、创造力与一切繁盛的化身,她们代表着世间一切美好的事物。据《神谱》记载,她们是宙斯与将赫淮斯托斯养育长大的大洋神女欧律诺墨的女儿,分别为代表光辉的阿格莱亚,代表欢乐的欧芙洛绪涅与代表繁盛的塔利亚,她们又统称为卡里忒斯。美惠三女神通常跟在阿芙洛狄忒的身边,协助她在神明与凡人的心中播下爱与欢愉的种子。她们三姐妹几乎形影不离,在后世的艺术作品中也都是一齐出现,她们经常手拉着手舞蹈,传达美好与快乐。但世间的欢愉有多种,包括一些违背纲常伦理道德的,而这种欢愉并不适宜大肆泛滥,所以她们有一个约束者——阿波罗。阿波罗会用他的七弦琴引导她们跳出规律的舞步,区别于狄俄尼索斯一派只为解放天性、遵于欲望的狂欢舞蹈。

美惠三女神中最年轻的阿格莱亚是火神赫淮斯托斯的妻子。当时赫淮斯托斯捉到妻子阿芙洛狄忒与战神阿瑞斯偷情一事轰动了整个奥林匹斯山,诸神觉得他可怜又唏嘘不已。他决心要与阿芙洛狄忒离婚,宙斯瞧他也无辜,便让他娶了光芒万丈的阿格莱亚。赫淮斯托斯虽外貌上有些缺陷,但他的两任妻子却是极美的,阿格莱亚还给他生下了四个也寓意着美好的女儿。

镜前的维纳斯
VENUS WITH A MIRROR
提香 (Titian)
1555 年 | 124.5 cm × 105.5 cm | 布面油画
华盛顿，国家美术馆

阿芙洛狄忒
APHRODITE

罗马名称：维纳斯（Venus）

父：乌拉诺斯（Uranus）

职能：爱与美神，司掌爱情、美丽、性爱

象征物

| 鸽子 | 玫瑰 | 桃金娘 |

阿芙洛狄忒（Aphrodite），在罗马神话中被称为维纳斯（Venus）。作为古希腊神话中的爱与美之神，阿芙洛狄忒毫无疑问地拔得了最美女神的头筹。除了雅典娜、阿尔忒弥斯与赫斯提亚三位处女神，阿芙洛狄忒的存在能燃起所有神明心中的情欲。就连当时赫淮斯托斯设计将她与阿瑞斯在众神面前网住时，不少男神也愿意当时阿芙洛狄忒的身旁是自己。同样的，她这样的能力也为信奉贞洁的处女神所不齿。不过，这位从浪花中诞生缓缓走出来的女神，她自信且热情，狂放也优雅。在她的世界里，爱是伟大的，性也是伟大的，人们的爱欲都应该是自由且浪漫的。

阿芙洛狄忒的起源和亲缘关系
ORIGIN AND RELATIVE OF APHRODITE

阿芙洛狄忒的诞生充满神秘与魅力，她所代表的美丽与爱欲，是世人争相追逐的，是世界不能失去的。

爱与美神生来就被憧憬与崇拜，人类若想外散情感，须得她先来点燃内心的激情……

画中故事

维纳斯的诞生
THE BIRTH OF VENUS

威廉 - 阿道夫·布格罗
(William-Adolphe Bouguereau)
1879 年 | 300 cm × 218 cm | 布面油画
巴黎，奥赛博物馆

阿芙洛狄忒站在洁白的贝壳上，由海豚牵引向前，周围是被吸引前来的宁芙与半人马，海豚上的小天使是厄洛斯与他的妻子普赛克。

维纳斯与身旁的丘比特
VENUS, CUPID AT HER SIDE

贝内代托·皮斯特鲁奇 (Benedetto Pistrucci)
1820—1830 年 | 4.5 cm × 3 cm | 玛瑙浮雕
纽约，大都会艺术博物馆

阿芙洛狄忒并非由父母的结合而产生，她出生时便已是成人模样，没有孩童时期。《神谱》中记载，宙斯的爷爷天神乌拉诺斯热爱与大地之母盖亚繁衍后代，却又憎恶自己的孩子，一出生便又把他们塞回盖亚体内，于是盖亚做了一把巨大的镰刀，联合自己的小儿子即宙斯的父亲克罗诺斯将乌拉诺斯的阳具割去，把它扔进了大海里，久而久之那阳具在大海中泛起一簇浪花，阿芙洛狄忒由此诞生。

阿芙洛狄忒由乌拉诺斯的阳具掉落大海产生，那么她算得上是宙斯的姑姑。作为性欲女神，阿芙洛狄忒曾与许多男神育有后代，最著名的便是跟在她身边的小爱神厄洛斯，他的罗马名丘比特更加广为人知，厄洛斯是阿芙洛狄忒与战神阿瑞斯的儿子。阿波罗和赫尔墨斯在八卦阿芙洛狄忒与阿瑞斯偷情一事时，都曾说过愿与美貌的阿芙洛狄忒春风一度，赫尔墨斯确实做到了，并与她育有赫马佛洛狄忒斯，一位象征雌雄同体的神。

神域之书
122

维纳斯的诞生（图1）
THE BIRTH OF VENUS

亚历山大·卡巴内尔（Alexandre Cabanel）
1863年 | 130 cm × 225 cm | 布面油画
巴黎，奥赛博物馆

赫马佛洛狄忒斯与萨尔玛西斯（图2）
HERMAPHRODITUS AND SALMACIS

路易斯·芬森（Louis Finson）
1600年 | 50.5 cm × 71 cm | 板面油画

赫马佛洛狄忒斯 　　萨尔玛西斯

相传赫马佛洛狄忒斯本是一位英俊的少年，有一日他于湖边停下，以湖水的倒影欣赏自己的容貌，却被湖中仙子萨尔玛西斯看到了，对他开展了疯狂的追求，她向诸神请求要永远和赫马佛洛狄忒斯结合在一起，神实现了她的愿望，自此，赫马佛洛狄忒斯便是一个雌雄同体的阴阳神。

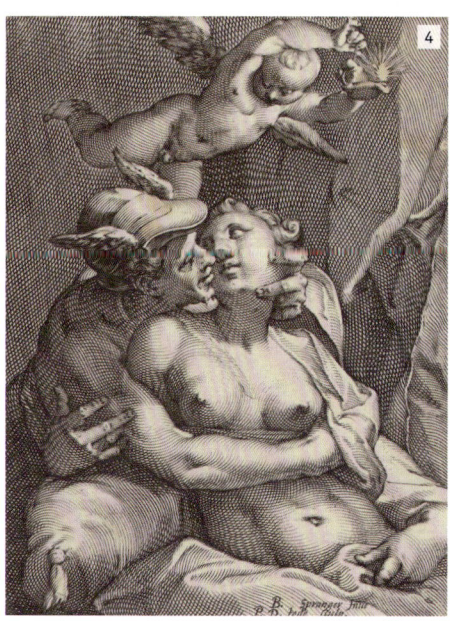

维纳斯与丘比特（图3）
VENUS AND CUPID

罗洛夫·凡·西尔（Roeloff van Zijl）
17世纪 | 115 cm × 96 cm | 布面油画
哈勒姆，弗兰斯·哈尔斯博物馆

赫尔墨斯拥抱阿芙洛狄忒（图4）
HERMES EMBRACING APHRODITE

彼得·德·乔德一世（Pieter de Jode I）
1588—1634年 | 29.1 cm × 19.6 cm | 雕刻版画
纽约，大都会艺术博物馆

神域之书
123

维纳斯的诞生
THE BIRTH OF VENUS
桑德罗·波提切利 (Sandro Botticelli)
1483—1485 年 | 172.5 cm × 278.5 cm | 板面油画
佛罗伦萨，乌菲齐美术馆

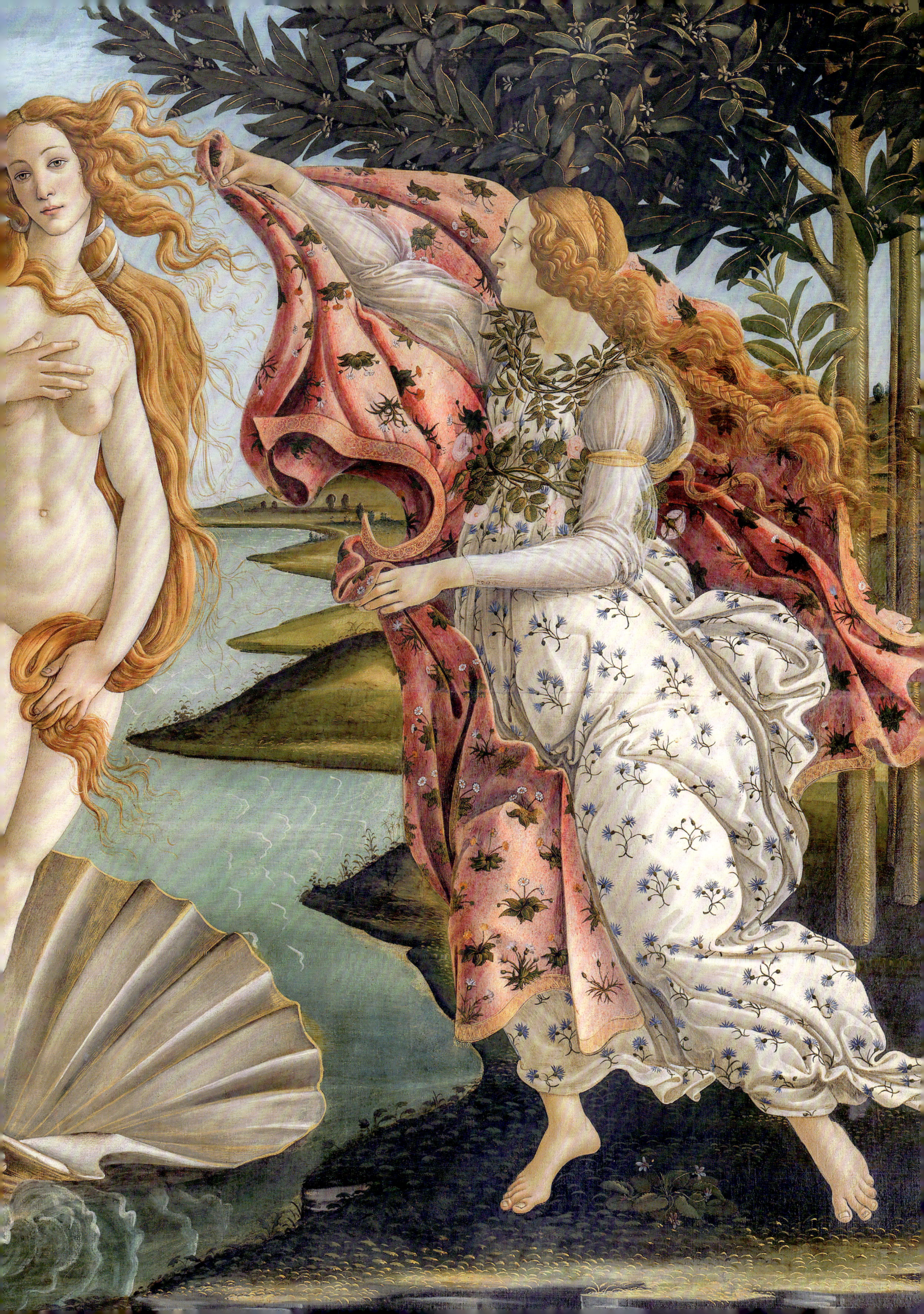

阿芙洛狄忒的形象特征、职能或技能
CHARACTERISTICS AND ROLES OF APHRODITE

盘起的长卷发

裸露的身体

厄洛斯

阿芙洛狄忒 / 维纳斯
（APHRODITE / VENUS）

神职：爱与美神，司掌爱情、美丽、性爱

形象：穿着裸露的长卷发女性，头戴玫瑰花环，身旁常跟随着小爱神

维纳斯的头像

阿芙洛狄忒拥有一头美丽的长卷发，作为性欲之神，她的形象在艺术作品中与代表贞洁的阿尔忒弥斯截然相反，穿着裸露，有时候只佩戴一条爱情腰带作为她的象征。阿芙洛狄忒也被称为妓女的守护神，因为阿芙洛狄忒的存在代表能够追求庸俗的性欲自由和快乐。作为爱与美的女神，阿芙洛狄忒能促成爱情的结合，面对信徒的衷心祈求，她毫不犹豫地实现他们的愿望。《变形记》的第十卷记载了皮革马利翁的故事，阿玛托斯城中有一群女子否认阿芙洛狄忒是神，阿芙洛狄忒便把她们变成了世界上第一批妓女，失去了羞耻之心。皮革马利翁见过她们后，觉得女子生性拥有许多缺陷，便一直不肯成婚。他用自己高超的雕塑技艺雕刻了一个少女，并爱上了她。在庆祝爱神维纳斯的节日中，皮革马利翁希望爱神能够赐予他一个如他雕像一般的妻子，爱神应允了他的请求。当皮革马利翁回到家中，那座雕像活了过来。与阿芙洛狄忒在艺术作品中一起出现的圣物包括鸽子与麻雀、玫瑰与桃金娘、苹果与石榴等。

阿芙洛狄忒	厄洛斯	维纳斯经过	THE PASSING OF VENUS

爱德华·伯恩-琼斯（Edward Burne-Jones）
1898 年 | 40.8 cm × 98.2 cm | 水粉画
纽约，大都会艺术博物馆

爱神从海中诞生 ▲
VENUS ANADYOMENE

提香（Titian）
1520 年 | 75.8 cm × 57.6 cm | 布面油画
爱丁堡，苏格兰国家画廊

维纳斯与丘比特烛台（图1）
VENUS AND CUPID CANDLESTICK

切尔西瓷厂（Chelsea Porcelain Manufactory）
1765 年 | 31.8 cm × 17.8 cm | 软质瓷
纽约，大都会艺术博物馆

丘比特和维纳斯格栅装饰的鼻烟盒（图2）
SNUFFBOX WITH GRISAILLE DECORATION OF CUPID AND VENUS

吉恩 - 巴蒂斯特·卡奈（Jean-Baptiste Carnay）
吉恩·弗朗索瓦·德费（Jean-François Defer）
1766 年 | 9.2 cm × 8.9 cm
纽约，大都会艺术博物馆

皮革马利翁爱上了他的雕像
PYGMALION ADORING HIS STATUE

吉恩·拉乌（Jean Raoux）
1717 年 | 134 cm × 100 cm | 布面油画
蒙彼利埃，法布勒美术博物馆

皮革马利翁十分珍爱他的这座雕像，给她穿上了衣服，戴上了珍珠耳环和项链，并且送了她许多的宝石、贝壳和琥珀等珍贵的小玩意。爱神阿芙洛狄忒出现轻轻碰了一下雕像的头，女子便活了过来。

神域之书
127

阿芙洛狄忒的主要事迹 - I
FAMOUS STORIES OF APHRODITE - I

PUNISHMENT FOR HIPPOLYTUS
希波吕托斯的惩罚

画中故事

淮德拉与希波吕托斯
PHAEDRA AND HIPPOLYTUS

关于希波吕托斯与淮德拉故事的另一个说法中减少了阿芙洛狄忒的介入，淮德拉向国王忒修斯告状时添加了自己爱而不得的复仇色彩。这幅作品中的淮德拉眼神阴鸷，手中拿着短剑，侧头听着仆从说话。在此刻，她显然只想让拒绝了她的求爱的希波吕托斯遭到报复，在她旁边的国王忒修斯愤恨地盯着希波吕托斯，攥紧了拳头，他坚定地相信了妻子的谎言，而受到诬陷又不被相信的希波吕托斯眼神落寞又失望，此时只有猎狗伴在他身旁。

爱神洒下爱欲，处女神守护贞洁，单从神职看来爱神与处女神似乎便已处于对立面，矛盾更是不可避免的，这样的敌对关系在阿芙洛狄忒与阿尔忒弥斯之间特别明显。奥林匹斯山的神明都不允许凡人挑战和质疑自己的神权，阿芙洛狄忒自然也不例外。欧里庇得斯的著名悲剧《希波吕托斯》讲述了阿尔忒弥斯的信徒希波吕托斯也因挑战了阿芙洛狄忒的神权而受到了女神的惩罚。希波吕托斯是凡人英雄忒修斯的儿子，论起忒修斯，阿芙洛狄忒曾经和他有过一段交集，在忒修斯出发讨伐怪物弥诺陶洛斯时，是因为祭拜了爱神阿芙洛狄忒才因此得到了敌国公主阿里阿德涅的帮助，现在他的儿子却公然宣扬信奉阿尔忒弥斯，不沾染爱情，阿芙洛狄忒对此十分生气，便让他的继母淮德拉爱上了他，希波吕托斯对于继母的追求感到厌恶，淮德拉因此自杀留下遗书告知自己的了断是因为希波吕托斯试图强奸她，国王忒修斯看到信件大发雷霆，请求波塞冬杀掉这个不孝的儿子，在希波吕托斯的马车在海边行驶时，波塞冬指使野牛向其马车冲撞，马匹受惊逃散，最后导致希波吕托斯被马匹拖拽而亡。

皮耶尔 - 纳西斯 · 盖兰 (Pierre-Narcisse Guerin)
1802 年 | 39.4 cm × 52.1 cm | 布面油画
剑桥，哈佛艺术博物馆

墨丘利
MERCURY

亨德里克·霍尔奇尼斯（Hendrick Goltzius）
1611 年 | 214 cm × 120 cm | 布面油画
哈勒姆，弗兰斯·哈尔斯博物馆

后珀耳塞福涅的，一份是阿芙洛狄忒的，一份是阿多尼斯自己的，但阿多尼斯决定把自己的那份时间交予阿芙洛狄忒。阿多尼斯热爱打猎，阿芙洛狄忒本看不上这种只有阿尔忒弥斯才会常干的事情，但她愿意陪着阿多尼斯在丛林中闯荡，穿着也越发地像阿尔忒弥斯。在一次休憩中，阿芙洛狄忒劝告阿多尼斯不要与那些凶猛的野兽正面搏斗，她掌控一切的情感，却依然不能让那些嗜血的凶兽动容，可阿多尼斯并不听劝，当他的猎狗正追赶着一头野猪时，他向那野猪投了一枪，却并无致命伤，野猪却反过来将阿多尼斯撞死了。而这头野猪的来历有两种说法，一是阿尔忒弥斯为了给希波吕托斯报仇放出来的，二是由阿芙洛狄忒的老情人战神阿瑞斯变幻而成。

维纳斯与阿多尼斯
VENUS AND ADONIS
弗朗索瓦·勒摩恩 (Francois Lemoyne)
1729 年 | 94 cm × 74 cm | 布面油画
斯德哥尔摩，瑞典国立博物馆

这幅作品中，阿芙洛狄忒拉住阿多尼斯阻止他前去狩猎凶猛的野兽，她的小爱神们有的帮助拉住阿多尼斯，有的牵住了阿多尼斯的猎狗，有的牵着阿芙洛狄忒的座驾，据说正是当阿芙洛狄忒驾车回奥林匹斯山时，阿多尼斯的悲剧就此发生。

维纳斯和丘比特为阿多尼斯之死哀悼
VENUS AND CUPID LAMENTING THE DEAD ADONIS
科内利斯·霍尔斯坦 (Cornelis Holsteyn)
1655 年 | 99 cm × 207 cm | 布面油画
哈勒姆，弗兰斯·哈尔斯博物馆

阿芙洛狄忒乘着天鹅座驾回奥林匹斯山的途中，听到了阿多尼斯垂死的叹息，她立马勒转天鹅回头，看到了倒在血泊里的阿多尼斯，眼泪簌簌掉落，与阿多尼斯的血混合在一起开出了银莲花。

阿芙洛狄忒的主要事迹 - II
FAMOUS STORIES OF APHRODITE - II

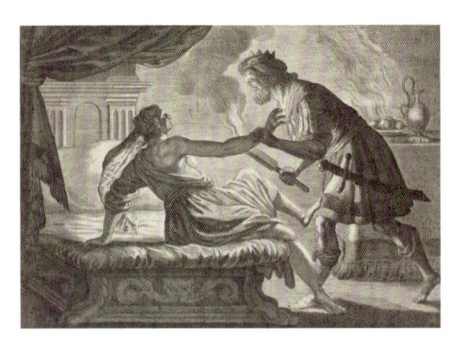

ADONIS
阿多尼斯

克里斯皮恩·范德·帕塞二世
[Crispijn van de Passe (II)] 所作《变形记》插图，喀倪剌斯借助火光看到了自己的情人是女儿密耳拉，企图杀掉她。

阿多尼斯的诞生
THE BIRTH OF ADONIS
马尔坎托尼奥·弗兰切斯基尼
(Marcantonio Franceschini)
1684 年 | 24.3 cm × 40.5 cm | 羽毛笔和棕色墨水画
纽约，大都会艺术博物馆

自己的忠实信徒被害，阿尔忒弥斯自是不会善罢甘休，相传阿多尼斯之死便是阿尔忒弥斯给阿芙洛狄忒的惩罚。阿多尼斯的诞生和阿芙洛狄忒息息相关，是她亲手种下的因果。《变形记》中记载，那位被阿芙洛狄忒赏赐了爱情的皮革马利翁生下了一个孩子叫喀倪剌斯，他既是阿多尼斯的父亲也是他的祖父。原来，喀倪剌斯与妻子生下女儿密耳拉时，大言不惭地开口说自己女儿的美貌与阿芙洛狄忒不相上下，阿芙洛狄忒一气之下让密耳拉爱上了自己的父亲喀倪剌斯，尽管密耳拉知道自己的爱是不合伦理的，可她无法控制自己心中的爱意，日日夜夜受此折磨，最后她决定上吊自杀。最后是密耳拉的乳母将她救了下来，乳母为了密耳拉能活下去，想了办法让密耳拉与喀倪剌斯同床十二夜，密耳拉怀上了阿多尼斯，当喀倪剌斯知道自己的情人是自己的亲女儿时，惊愤不已，拿起剑便要杀掉密耳拉。密耳拉在逃亡之际向神明忏悔，自己无论是留在人间还是落入冥界都没有了资格，她恳请神明将她变成树木，神明应允了她的请求，密耳拉从此变成了一棵没药树，分娩之际，树皮破裂，阿多尼斯便落了下来，阿芙洛狄忒将其带走交与冥后珀耳塞福涅养大。

阿多尼斯长大后俊美无比，连阿芙洛狄忒都为他的容貌而心动，而冥后珀耳塞福涅也不舍得把这位自己养大的美少年交回给阿芙洛狄忒，于是请了宙斯来进行裁决，宙斯把阿多尼斯的时间分为三份，一份是冥

画中故事

英雄忒修斯
THESEUS

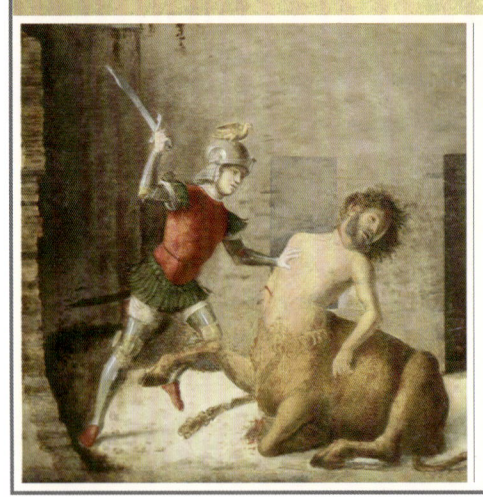

忒修斯杀死弥诺陶洛斯
THESEUS KILLING THE MINOTAUR

乔瓦尼·巴蒂斯塔·西马
(Giovanni Battista Cima)
1505 年 | 73.5 cm × 87.4 cm | 板面油画
米兰，波尔迪·佩佐利博物馆

忒修斯杀死弥诺陶洛斯后，他在纳克索斯岛上将阿里阿德涅遗弃。据说赫拉克勒斯在完成取希波吕忒腰带的功绩后，将这位亚马逊女王送给了忒修斯，忒修斯则与她生下了希波吕托斯。可多年后，忒修斯又娶了阿里阿德涅的妹妹淮德拉当妻子，她的年纪却与希波吕托斯相差不太。

希波吕托斯之死
THE DEATH OF HIPPOLYTUS

让-查尔斯-约瑟夫·雷蒙德
(Jean-Charles-Joseph Remond)
1819 年 | 82 cm × 100 cm | 布面油画
私人收藏

这幅作品中的希波吕托斯已在生命垂亡之际，血染红了他的衣裳，倒在了老人塞拉门尼斯的怀中，他是希波吕托斯的老师。塞拉门尼斯向同行的女子伸出手表达关心，其中一个女子已经被吓到晕倒，这名女子被认为是希波吕托斯的爱人阿里西亚。尽管希波吕托斯信仰阿尔忒弥斯，但在《埃涅阿斯纪》中提到希波吕托斯有一个儿子，他的母亲是阿里西亚。阿里西亚的女仆搀扶着她，那受惊的马匹还在继续奔跑着，画的背景有一片无边无际的海洋，证实了这场凶杀是忒修斯向海神波塞冬许下的愿望。

神域之书
129

赫尔墨斯
HERMES

罗马名称：墨丘利（Mercury）

父：宙斯（Zeus）　母：迈亚（Maia）

职能：众神使者，司掌旅行、商业、畜牧、偷盗

象征物

| 双蛇杖 | 翼帽 | 翼鞋 | 七弦琴 |

赫尔墨斯（Hermes），在罗马神话中称为墨丘利（Mercury）。比起要从各种器具中追踪故事痕迹的赫淮斯托斯，赫尔墨斯是一位经常在诸神故事里留下姓名的神祇，就连远在地下的冥界，也经常充斥着他的身影。他毫无阻碍地上天入地，为各路神明传递消息，他精明能干，机智圆滑，不少的神都爱找他办事，就连宙斯也不例外。若要细数宙斯喜爱的儿子，赫尔墨斯绝对拥有一席之地。众神之间往往存在摩擦和分歧，在与每个神打交道时，赫尔墨斯能够很好地把握之间的尺度，他完美地完成每一项任务，从不怕帮了谁又会得罪谁，因为他的机敏会帮他妥善地解决这些事情，他虽没有高超的武艺，却拥有一个独一无二的最强大脑。

神域之书
133

赫尔墨斯的起源和亲缘关系
ORIGIN AND RELATIVE OF HERMES

赫尔墨斯是神明之间或神明与凡人之间的桥梁，他机警、聪明又幽默，巧妙地担当着神明使者的角色。**在他身上没有明显的善恶限界，只要任务交予他，任何能达成目标的方法都可视作明智之举……**

赫尔墨斯是宙斯与迈亚之子，迈亚是泰坦神阿特拉斯的女儿，是普勒阿得斯七姐妹中最年长的，她们是经常跟着阿尔忒弥斯狩猎的山林宁芙。宙斯在库勒涅山洞中与迈亚过夜，迈亚因此怀上了赫尔墨斯。据《书库》记载，生下赫尔墨斯后，迈亚用襁褓裹着他，放在了一个簸箕上，而赫尔墨斯成长得很迅速，趁着迈亚还在睡觉时，他便跑出去偷阿波罗的牛群了。而赫尔墨斯较为著名的一个儿子是牧神潘，他长着山羊的腿、角和耳朵，据说赫尔墨斯当时与潘神的母亲佩内洛普交配时是以山羊的形态，才有了潘神这半人半羊的模样。

画中故事

泰坦神阿特拉斯
ATLAS

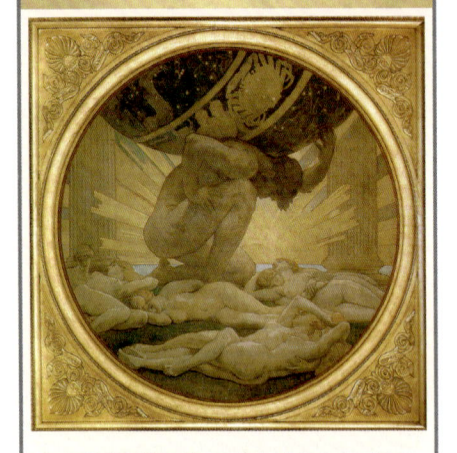

阿特拉斯是擎天神，因参加泰坦之战后战败被宙斯降罪来扛天球。他与三千大洋神女之一普勒俄涅生下普勒阿得斯七姐妹。

库勒涅山
MOUNT CYLLENE

库勒涅山又叫基利尼山（Mount Kyllini），位于希腊伯罗奔尼撒半岛，在神话里它是山林宁芙塞琳（Cyllene）的化身，据说她也曾哺育过婴儿赫尔墨斯。普勒阿得斯七姐妹与母亲普勒俄涅都居住在这座山里。后来，普勒阿得斯七姐妹遭到猎人俄里翁的激烈追求，摆脱无果后，她们只好向宙斯求助，宙斯将她们变成了夜空中最亮的七颗星星，又称昴星团。此后，普勒阿得斯成为昴宿星团的代名词。

朱庇特向墨丘利下达杀死阿尔戈斯的命令
JUPITER GIVES ORDERS TO MERCURY TO KILL ARGUS

扬·格里茨·范·布隆克霍斯特
(Jan Gerritsz van Bronckhorst)
1656 年
乌得勒支，中央博物馆

神域之书

仆人巴图斯 　　　　　赫尔墨斯 　　　　　阿波罗 　　　　　　　　　赫尔墨斯与母亲迈亚

▲ 潘把宁芙绪林克斯变成的芦苇斩断
PAN CUTS THE REED INTO WHICH
THE NYMPH SYRINX HAS TURNED

枫丹白露画派（School of Fontainebleau）
16世纪中期
56.2 cm × 40.8 cm
棕色墨水画
洛杉矶，盖蒂中心

◀ 年幼的墨丘利从阿波罗的牧群中偷牛
THE YOUNG MERCURY STEALING CATTLE FROM
THE HERD OF APOLLO

吉罗拉莫·达·桑塔克罗切（Girolamo da Santacroce）
1530—1550 年
107 cm × 103 cm
布面油画
阿姆斯特丹，荷兰国家博物馆

赫尔墨斯的形象特征、职能或技能
CHARACTERISTICS AND ROLES OF HERMES

翼帽

商神杖 / 双蛇杖

翼鞋

赫尔墨斯 / 墨丘利
(HERMES / MERCURY)

神职：众神使者，偷盗者与骗子守护神，运动员保护神，商业之神，边界与旅行者之神

形象：头戴翼帽，脚穿翼鞋

手持双蛇杖或七弦琴的青年

　　作为神的使者，传递消息需要快速和及时，赫淮斯托斯给他打造的翼帽和翼鞋让他举步生风，与其他神一齐出现的时候，赫尔墨斯总是飞在半空中；通常我们以六翼来形容赫尔墨斯，头上两翼，脚上两翼，手中的双蛇杖还有两翼。他的双蛇杖由两条蛇缠绕盘旋而上，据说，他的手杖会使清醒之人沉睡，亦能使沉睡之人苏醒。

　　赫尔墨斯刚出生便偷走了阿波罗的牛，阿波罗曾评价他在娘胎里便已经学会了偷盗的手法，所以赫尔墨斯也被誉为偷盗者与骗子的守护神；赫尔墨斯生来便机敏狡猾，小小年纪便发明了用龟壳制作里拉琴，阿波罗因此愿意与他冰释前嫌，他也是许多运动竞技比赛的发明者，所以也称他为运动员的保护神。这样的头脑在经商上也是被大力推崇的，商人们信奉他，小偷与骗子也信奉他，因为赫尔墨斯能保佑他们赚钱，所以赫尔墨斯也被称为商业之神，他的双蛇杖也被唤为商神杖。

　　赫尔墨斯也是边界与旅行者之神，他是除了冥王哈迪斯与冥后珀耳塞福涅唯一一个可以自由出入冥界的神，荷马史诗《奥德赛》的第二十四卷描绘了赫尔墨斯用他的双蛇杖召唤着亡灵，指引着他们进入冥界，因此，赫尔墨斯也是亡灵的接引人。

神域之书

阿刻戎河畔的灵魂
SOULS ON THE BANKS OF THE ACHERON

阿道夫·海瑞米-希尔施尔 (Adolf Hiremy-Hirschl)
1898 年 | 140cm × 291 cm | 布面油画
维也纳，奥地利美景宫美术馆

赫尔墨斯
正在指引亡灵

◄ **墨丘利与帕里斯**
MERCURY AND PARIS

约翰·海因里希·舍恩菲尔德
(Johann Heinrich Schonfeld)
1730 年 | 125 cm × 86.5 cm

墨丘利 | MERCURY

16 世纪初
直径 8.1 cm
古铜浮雕
华盛顿，国家美术馆

维纳斯、墨丘利与丘比特
VENUS, MERCURY AND CUPID

安东尼奥·巴莱斯特拉 (Antonio Balestra)
17 世纪 | 112 cm × 98 cm | 布面油画
私人收藏

神域之书
137

赫尔墨斯的主要事迹 - I
FAMOUS STORIES OF HERMES - I

PUNISHMENT FOR BATTUS
巴图斯的惩罚

有墨丘利与阿尔戈斯的风景
MERCURY AND ARGUS IN A LANDSCAPE
德克·范·德·利塞 (Dirck van der Lisse)
1635 年 | 37 cm × 49.2 cm | 铜上油画
克利夫兰，克利夫兰艺术博物馆

在赫尔墨斯与阿波罗成为密友之前，他们的相识是由一次偷盗引起的，而这场偷盗还牵扯到了一位老人，《变形记》中记载，这位老人是财主涅琉斯的仆人巴图斯，他替财主在这片原野看管纯种的母马，赫尔墨斯发现他看到了自己偷牛，便和他商量，如果他肯替自己保守这个秘密的话，就送给他一头母牛，巴图斯爽快地答应了。可赫尔墨斯依然留了个心眼，他把自己变了个人，转头便回去跟巴图斯说自己的牛被偷了，问他有没有看到谁牵着牛走过，并答应会给他一头公牛和一头母牛作为报酬，巴图斯的贪婪心作祟，给他指了一个方向，可未等到报酬，却等到赫尔墨斯的摇身一变，赫尔墨斯斥责他的不守信，并把他变成了一块告密石。

墨丘利与巴图斯 ▼
MERCURY AND BATTUS
弗兰西斯科·米莱特 (Francisque Millet)
1662—1679 年 | 119.4 cm × 177.8 cm | 布面油画
纽约，大都会艺术博物馆

画中故事

巴图斯的惩罚
PUNISHMENT FOR BATTUS

图1：菲利普·范·冈斯特绘制的《变形记》插图，赫尔墨斯趁着阿波罗正在吹奏长笛时盗走他的牛，在右边的背景中，牧羊人巴图斯看到了正在发生的盗窃行为。

图2：摩西·范·乌滕布鲁克绘制的《变形记》插图，赫尔墨斯伪装后试探巴图斯是否遵守与自己的承诺，巴图斯给他指了一个方向暴露了他。

图3：摩西·范·乌滕布鲁克绘制的《变形记》插图，牧羊人巴图斯由于违反了为赫尔墨斯保密的承诺，被赫尔墨斯变成了一块告密石。

墨丘利 | MERCURY

威廉·卡斯帕·韦根利（Wilhelm Caspar Wegely）
1752—1757年 | 高25 cm | 锡釉彩陶
阿姆斯特丹，荷兰国家博物馆

神域之书
139

赫尔墨斯的主要事迹 - II
FAMOUS STORIES OF HERMES - II

PUNISHMENT FOR AGLAURUS
阿格劳洛斯的惩罚

亨德里克·霍尔奇尼斯 (Hendrick Goltzius) 所作《变形记》书籍插图,雅典娜要求嫉妒女神让阿格劳洛斯嫉妒她的妹妹赫尔斯。

《变形记》二卷记载,正值女战神雅典娜的节日,许多年轻的姑娘头上顶着花环缠绕的篮子到雅典娜的神庙去献礼,雅典国王刻克洛普斯的三个女儿——潘德洛索斯、阿格劳洛斯与赫尔斯也在其中;神使赫尔墨斯戴着他的翼帽,穿着翼鞋,在这热闹的聚会上空盘旋,在这一众的年轻姑娘中,赫尔墨斯对最小的公主赫尔斯一见钟情,于是他来到三姐妹居住的房子预备向赫尔斯表明自己的心意,可阿格劳洛斯却把他拦在了门外,询问他的身份和来意,赫尔墨斯跟她说了自己的身份并表达了他对赫尔斯的喜爱,希望她能够帮忙在中间穿针引线,阿格劳洛斯答应了他,让他下次再来,她在心中计算着谋些利益,这一幕却被雅典娜看到了。

墨丘利与赫尔斯
MERCURY AND HERSE
克莱斯·科内利斯宗·莫耶特
(Claes Corneliszoon Moeyaert)
1624 年 | 53.8 cm × 84 cm | 板面油画
海牙,莫瑞泰斯皇家美术馆

原来在得罪赫尔墨斯之前，阿格劳洛斯还得罪过女神雅典娜，当初沾有赫淮斯托斯精液的羊毛落在地上，与大地之母结合诞生了厄里克托尼俄斯，雅典娜将其抱走后装在篮子里交与雅典国王刻克洛普斯的三个女儿，并命令她们不许打开篮子，潘德洛索斯与赫尔斯都遵守了女神的命令，只有阿格劳洛斯忤逆了她的命令打开了篮子。看到阿格劳洛斯如此地不守信用与贪得无厌，雅典娜去找了嫉妒女神，让她去给阿格劳洛斯的心中撒下嫉妒的种子。

嫉妒女神一边嫉妒着雅典娜的光鲜亮丽，一边又遵守了雅典娜的命令。于是深夜阿格劳洛斯被自己心中燃起的嫉妒之火烧得夜不能寐，她不想赫尔斯过得那般幸福。按照约定，赫尔墨斯再次来到赫尔斯的房前，刚准备踏进，却又一次被阿格劳洛斯阻拦在门外，她就坐在妹妹的门槛上，这次说什么也不肯赫尔墨斯进来，可赫尔墨斯是神明，她非但拦不住反而还害了自己，作为失信的惩罚，赫尔墨斯也把她变成了一块石头。

墨丘利把阿格劳洛斯变成石头
MERCURY TURNING AGLAUROS TO STONE
安东尼奥·坦佩斯塔 (Antonio Tempesta)
1606 年 | 10.5 cm × 11.7 cm | 蚀刻版画
纽约，大都会艺术博物馆

墨丘利与赫尔斯
MERCURY AND HERSE
弗朗索瓦·朱迪尔 (仿劳伦特·德拉·海尔)
(Francois Jourdheuil after Laurent de La Hyre)
50.7 cm × 39.8 cm | 雕刻版画
纽约，大都会艺术博物馆

神域之书
141

赫尔墨斯
-扩展内容-

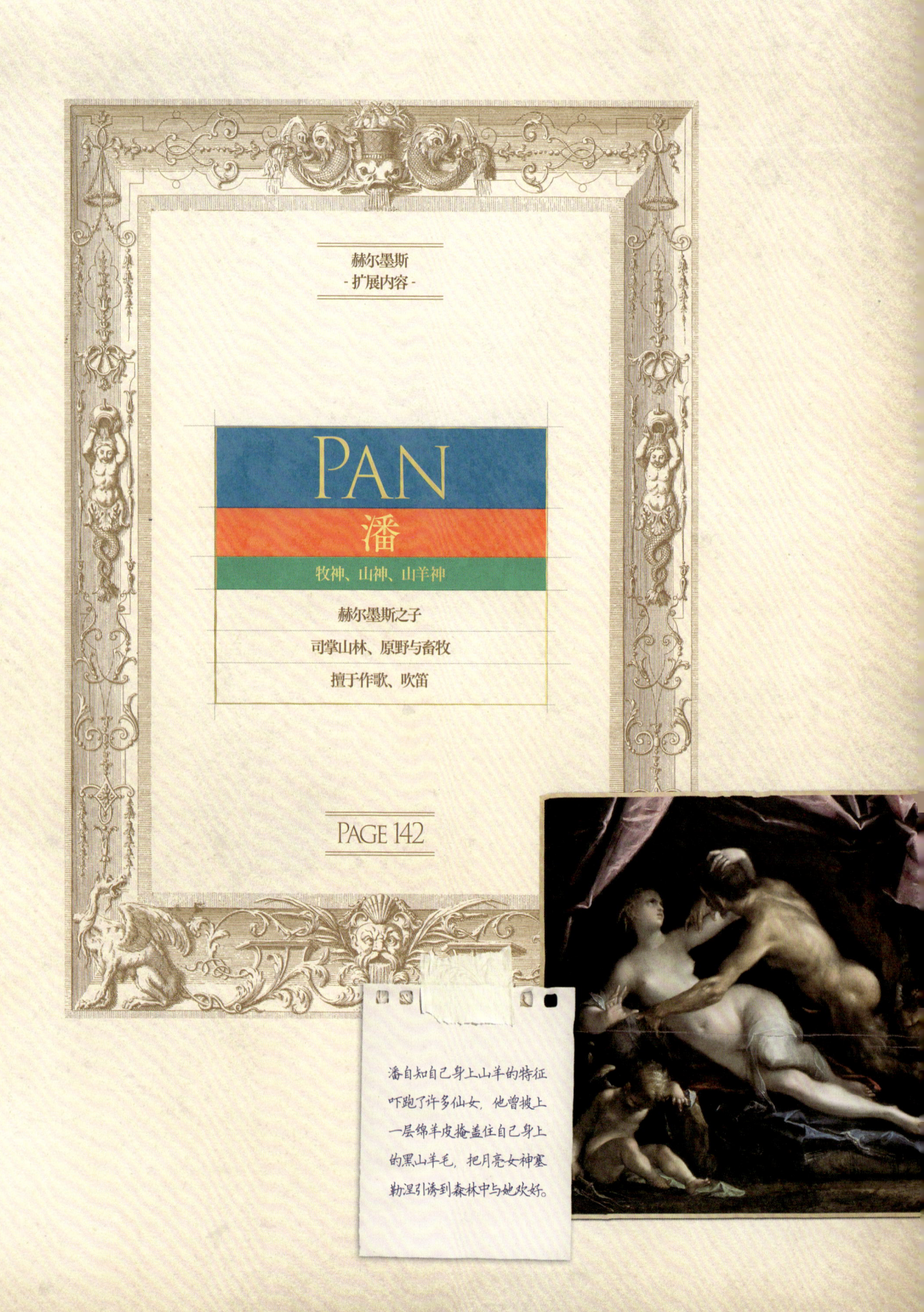

PAN
潘
牧神、山神、山羊神

赫尔墨斯之子

司掌山林、原野与畜牧

擅于作歌、吹笛

PAGE 142

潘自知自己身上山羊的特征吓跑了许多仙女，他曾披上一层绵羊皮掩盖住自己身上的黑山羊毛，把月亮女神塞勒涅引诱到森林中与她欢好。

牧神潘是神使赫尔墨斯之子，他长有山羊的角与山羊的双腿，是半人半兽的模样。

潘常来往于山林之中，掌管着山林、原野与畜牧之事，所以他一般被称为牧神或是山神，又因他的模样，也有山羊神之名。潘天性好色、纵欲，他的日常便是在山林之中与宁芙仙女们嬉闹，又或是向她们求爱，但因他的模样怪异，潘的求爱总是无功而返。除此之外，潘亦擅于作歌、吹笛，虽比不得阿波罗的天赋与造诣，他吹的林间小调依然别有一番风味，吸引过许多山林中的动物与神灵。

潘神在古希腊神话中最著名的事迹便是追求绪林克斯，这与阿波罗追求达芙妮的故事简直如出一辙。绪林克斯是山中的宁芙仙女，追随阿尔忒弥斯，誓以守护自己的贞洁。可有一天潘神见到绪林克斯，一眼便爱上了她，可绪林克斯拒绝了他的求爱，开始逃跑，潘神只好在她身后穷追不舍。在跑到河边快要被追上时，绪林克斯惊恐万分，恳求了自己的河神父亲拉冬将她变成河边的一丛芦苇，拉冬遵从了她的意愿。当潘神看到绪林克斯变成了芦苇丛时，伤心不已。抱着对绪林克斯的思念之情，他把芦苇编成了长短不一的排箫，得名"潘笛"。

玩肥皂泡的丘比特
CUPID WITH THE SOAP BUBBLE

伦勃朗 (Rembrandt)
1634 年 | 93 cm × 75 cm | 布面油画
列支敦士登, 列支敦士登博物馆

厄洛斯
EROS

罗马名称：丘比特（Cupid）

父：阿瑞斯（Ares）　母：阿芙洛狄忒（Aphrodite）

职能：小爱神，司掌爱情

象征物

弓箭　　　　　翅膀

　　厄洛斯（Eros），在罗马神话中称为丘比特（Cupid）。尽管不是作为主角，厄洛斯在古希腊神话的绘画作品中是出现得最多的一个形象。他与母亲阿芙洛狄忒一同掌管爱情，阿芙洛狄忒是爱与美的化身，她的存在鼓励所有人去接受与信奉爱情，而自己却喜欢待在殿中保养美貌；厄洛斯却是一位身体力行的小爱神，他毫不疲倦地参与进每一个人神的故事里，给他们带去爱情，偶尔也带去憎恶。在我们的神话故事里，结缘一事由月老所掌。常说月老牵线，天作之合，而厄洛斯射出的每一箭却不是箭箭都为良缘，得看是否包含他的捣蛋成分。厄洛斯是出了名的捣蛋鬼，有的时候谁和谁相配得看他的心情，就连宙斯都常常遭受他的金箭之苦，可谓是唯恐天下不乱。

厄洛斯的起源和亲缘关系
ORIGIN AND RELATIVE OF EROS

无论是作为最原始的神灵还是后来的小小弓箭手，爱神的存在无非是向我们证明爱是世间不可或缺的东西。**纯真孩童射出的箭矢总是那般猝不及防，人们在渴望和幻想箭矢降临的同时，却又因它的不可控制而担忧不已……**

关于厄洛斯的起源有两种说法，在《神谱》中，他是继卡俄斯混沌之后产生的原始神；二说他是爱与美神阿芙洛狄忒和战神阿瑞斯的孩子，他还有一个兄弟是安忒洛斯，是掌管情欲的神，而只有和安忒洛斯在一起的时候，厄洛斯才是大人模样，意为成熟的爱情。如今更大众的说法为厄洛斯从原始神再经过后世相传而演变成阿芙洛狄忒的儿子，但也有人认为二者是不同的神，只是因为同名与职责相似而逐渐混说。

画中故事

安忒洛斯
ANTEROS

阿芙洛狄忒生下厄洛斯后，一直苦恼她的孩子不会长大。法律与正义的女神忒弥斯给了阿芙洛狄忒建议，厄洛斯要懂得回报的爱才能长大，于是阿芙洛狄忒又与阿瑞斯生下了安忒洛斯。厄洛斯经常射出一些不负责任的箭矢，不少的神灵也因此经常陷入单相思的窘境，而安忒洛斯则可以点燃情人之间的激情与温情，这样有回报的爱情才能长久。这幅壁画里，劝导女神佩托带着犯了错的厄洛斯（可能是他让阿瑞斯爱上了别的女人）来向阿芙洛狄忒认错，安忒洛斯则在阿芙洛狄忒的背后嘲笑他的哥哥。

丘比特的诞生 ▶
THE BIRTH OF CUPID
约 16 世纪
108 cm × 130.5 cm
木板油画
纽约，大都会艺术博物馆

这幅画的作者不详，只能判断可能是活跃于 16 世纪下半叶的法国枫丹白露派画家。画中描绘了厄洛斯刚出生时的场景，正在拉开屋内窗帘的女神是美惠三女神，而在阿芙洛狄忒与厄洛斯身旁的可能是四位荷赖女神，她们的手中都拿着精美的瓮，里面装的可能是芳香油或牛奶等等，其中一位荷赖正在给厄洛斯进行受膏（人或物体进行受膏代表引入神力或神灵）。

神域之书

厄洛斯与安忒洛斯（图1）
EROS AND ANTEROS

莱昂·达文（Leon Davent）
1540—1556 年
15.2 cm × 26 cm
蚀刻版画
纽约，大都会艺术博物馆

**厄洛斯、安忒洛斯与
看着他们的普赛克（图2）**
EROS AND ANTEROS WITH
PSYCHE LOOKING AT THEM

若阿内斯·里彭豪森
（Johannes Riepenhausen）
18 世纪末—19 世纪
33.6 cm × 30.6 cm
水彩画
纽约，大都会艺术博物馆

厄洛斯的形象特征、职能或技能
CHARACTERISTICS AND ROLES OF EROS

拉弓的姿势

孩童形象

翅膀

厄洛斯 / 丘比特（EROS / CUPID）

神职：小爱神，司掌爱情

形象：常以长着翅膀的胖小孩形象出现，手持弓箭

青年形象的厄洛斯

　　在绘画作品中，最常见的厄洛斯形象是一个没穿衣服的胖小孩，他长着一双翅膀，经常手持弓箭，伴在母亲阿芙洛狄忒的身边。可这样一个调皮捣蛋的孩子不会错过任何一件新鲜事，所以他的身影也经常出现在其他神明的旁边，有时候是一群长着翅膀的小爱神，统称为厄洛特斯，由厄洛斯、安忒洛斯、赫狄洛戈斯（甜言蜜语之神）、赫马佛洛狄忒斯（雌雄同体神）、希莫洛斯（单相思之神）、许门（婚姻之神）与波托斯（性渴望与向往之神）组成；他的职责便是用他手中的金箭传递爱情，用铅箭传递憎恶。

　　但厄洛斯也并非一直都是个童稚小儿，而是他成长到 16 岁便一直维持着青春俊美的容貌。所以在有些作品中他也是个英俊的少年，也拥有自己的爱情故事，他的妻子拥有着与阿芙洛狄忒不相上下的美貌。

萨堤尔与小爱神的酒神狂欢 | BACCHANAL OF SATYRS AND CUPIDS

杰拉德·范·奥斯塔尔（Gerard van Opstal）
1640—1642 年 | 11.8 cm × 31.5 cm | 象牙浮雕
阿姆斯特丹，荷兰国家博物馆

小爱神

酒神的跟班们
萨堤尔

一个年轻女孩正与爱欲抵抗
A YOUNG GIRL DEFENDING HERSELF AGAINST EROS

威廉-阿道夫·布格罗
(William-Adolphe Bouguereau)
1880 年 | 81.6 cm × 57.8 cm | 布面油画
洛杉矶，盖蒂中心

丘比特形垂饰
PENDANT IN THE FORM OF CUPID

1560—1580 年
5.5 cm × 3.9 cm
阿姆斯特丹，荷兰国家博物馆

有维纳斯和丘比特圆形图案的钟形茶杯
BELL-SHAPED TEACUP WITH VENUS AND CUPIDS IN MEDALLIONS

1770 年 | 6 cm × 12 cm | 锡釉彩陶
阿姆斯特丹，荷兰国家博物馆

丘比特的胜利
CUPID AS VICTOR

卡拉瓦乔（Caravaggio）
1601 年
156.5 cm × 113.3 cm
布面油画
柏林，画廊

作品中的厄洛斯一脸完成恶作剧后的狡黠笑容，他的右手拿着箭，左脚搭在台上，地上满是被他破坏掉的琴、乐谱、曲尺与书，他的姿态告诉人们爱能战胜一切，包括任何的礼教礼法，每个人都可以冲破禁锢去实现自己的爱欲。

神域之书
149

厄洛斯的主要事迹
FAMOUS STORIES OF EROS

PSYCHE
| 普赛克

画中故事

普赛克被人们敬仰
PSYCHE HONOURED BY THE PEOPLE

这幅作品中普赛克的美貌被百姓俯首参拜，天上的是阿芙洛狄忒与厄洛斯，阿芙洛狄忒的眉头微皱，一手指着普赛克，眼睛却看着厄洛斯，她在指使他去让普赛克下嫁给全天下最差劲的男人，而厄洛斯一手也伸向了普赛克，眼睛紧紧盯着她，这时候的厄洛斯可能已经沦陷于普赛克的美貌之中。

普赛克被带领发现了丘比特的宫殿
PSYCHE TRANSPORTED AND DISCOVERING CUPID'S PALACE

这幅作品描绘了三个场景的普赛克：一是被送上山时为自己的悲惨命运哭泣，哭累后靠在岩石边沉眠的普赛克；二是正在沉眠时被西风之神仄费罗斯往厄洛斯宫殿吹送的普赛克；三是醒来后发现厄洛斯宫殿的普赛克，她发现自己身处的环境并没有那么糟糕，怀着忐忑又有一丝期待的心情，她走进了眼前雄伟壮观的宫殿，见到了迎接她的一众奴仆。

卢卡·焦尔达诺（Luca Giordano）
1695—1697年 | 57.2 cm × 69 cm | 铜上油画
温莎，温莎城堡皇家图书馆

在阿普列尤斯的《金驴记》中，希腊的一位国王与王后育有三个女儿，个个花容月貌，当大女儿与二女儿还尚能用言辞来夸赞时，小女儿普赛克的美貌几乎无法用言语来形容。人人都说她的美貌足以和阿芙洛狄忒媲美，一传十，十传百，人们都愿意为了见一面她的美貌跋山涉水，甚至荒废了阿芙洛狄忒的神庙，阿芙洛狄忒对此事十分愤怒，要求厄洛斯下凡让普赛克嫁给一个世上条件最差的男人。不过，普赛克倾世的美貌也让人觉得只可远远地欣赏，多靠近她一步都让人觉得是冒犯和亵渎了她，两个姐姐都嫁出去后依然无人敢向普赛克求婚，普赛克对此十分苦闷，国王与王后也非常担心，因此去求了神谕。神谕说普赛克只能嫁给山上凶神恶煞的蛇精，国王与王后听后惊恐无望。可尽管再不舍女儿，神的旨意也是不可违背的，他们只能含泪将女儿送上山。独自在山上的普赛克为自己的命运悲泣过后睡着了，西风把她带到了一座宫殿中，可里面住的并不是什么吃人的蛇精，而是隐藏了自己身份的厄洛斯。原来，厄洛斯在见到普赛克的那刻便对她一见钟情了。为了不让母亲阿芙洛狄忒发现他娶了普赛克，他伪造了自己的身份；并在与普赛克欢度的夜晚里，他从不以真身视人，不告诉普赛克自己的身份。而普赛克的命运也并未像神谕说的那般凄惨，反而幸福美满，有数不尽的荣华，唯一美中不足的是她无法再与家人联系，无法见一面自己的丈夫。当姐姐们来到普赛克消失的山上痛苦呐喊时，普赛克听到了她们的呼唤，呼唤西风把姐姐们带到了自己的面前。

丘比特与普赛克 | CUPID AND PSYCHE ▼
吉恩·弗朗索瓦·代·特洛伊（Jean Francois de Troy）
64.5 cm × 81.3 cm | 布面油画

神域之书
150

再聚首时，两个姐姐却嫉妒起普赛克如今幸福的生活，便怂恿她在夜里点灯看看丈夫的真面目。厄洛斯之前已告诫过普赛克不要听信姐姐们的任何话语，否则他便会离开她，普赛克也曾作出保证。可在姐姐们的逸言下，普赛克依旧没忍住自己的好奇心，在厄洛斯熟睡时，她拿起了油灯，一眼认出了自己的丈夫是阿芙洛狄忒的儿子厄洛斯。普赛克欢喜至极，她好奇地把玩着厄洛斯的金箭，却不小心割伤了自己，心中对厄洛斯泛起了更浓更深的爱意，她急切又小心地想去亲吻自己的丈夫，那灯油却不小心滴在了厄洛斯的身上，厄洛斯醒了，也代表他将要离她而去了。

▲ 普赛克尝试挽留丘比特
PSYCHE TRYING TO RESTRAIN CUPID
雅各布·乔登斯（Jacob Jordaens）
1645 年 | 79.3 cm × 103.3 cm | 布面油画

厄洛斯被滴落的灯油惊醒后，看到自己的妻子并未遵循自己的告诫，他大失所望，意欲离开，因为这是给普赛克最大的惩罚，普赛克惊慌失色地去拥抱厄洛斯，想挽留住他。

◀ 普赛克看着熟睡的丘比特
PSYCHE LOOKS AT SLEEPING CUPID
詹姆斯·马卡德尔（仿戈弗里德·沙肯）
(James McArdell after Godfried Schalcken)
1745—1765 年 | 41.1 cm × 31.3 cm
阿姆斯特丹，荷兰国家博物馆

神域之书
151

> **普赛克在维纳斯的王座前**
> PSYCHE BEFORE THE THRONE OF VENUS
> 亨利埃塔·蕾（Henrietta Rae）
> 1894 年 ｜ 194.3 cm × 304.8 cm ｜ 布面油画
> 私人收藏

画中故事

维纳斯斥责丘比特
VENUS CHIDES CUPID

这幅作品中描绘了两个情景，前景是阿芙洛狄忒正在斥责受伤的厄洛斯，因为他违抗了自己的指示还私自与普赛克结成了夫妻，厄洛斯捂着他那被灯油烧伤的手臂躺在阿芙洛狄忒的床上。后景即是天后赫拉与农业女神得墨忒尔过来询问阿芙洛狄忒生气的事由，她告诉了她们前因后果并拜托她们帮助寻找普赛克，赫拉与得墨忒尔答应了她的请求，又劝她莫要动怒，可后来普赛克进了她们的神庙恳求庇护，赫拉与得墨忒尔虽未正式相助却也未向阿芙洛狄忒告发普赛克的下落，在她们心中厄洛斯与普赛克这段义无反顾的爱情或许是值得被成全的。

自此普赛克便踏上了寻夫之路，而这件事情最后也并未瞒过阿芙洛狄忒。阿芙洛狄忒知晓此事后大发雷霆，把厄洛斯臭骂了一顿，为了防止他回去寻普赛克还把他关了起来。而阿芙洛狄忒也在到处寻找普赛克，甚至寻到了赫尔墨斯的帮助，她势必要给她降下惩罚。普赛克一边寻找厄洛斯，一边又要躲避阿芙洛狄忒的追杀，她曾进入天后赫拉与农业女神得墨忒尔的神庙，但两位女神都不愿得罪阿芙洛狄忒给她庇护，却又因爱怜普赛克所以都好心地给了她建议。凡人最终逃不过神明的眼睛，阿芙洛狄忒找到普赛克后，故意刁难她，让她分类混杂的豆子，取金羊毛，打泉水，入冥间借珀耳塞福涅的美貌，每一项都是极具艰难的任务；但普赛克对厄洛斯的一片痴心感动了一众神灵，他们虽不敢得罪女神，却还是偷偷地帮助普赛克完成了任务。眼看着阿芙洛狄忒下达的考验就要完成，普赛克的好奇心却再次让一切前功尽弃。在拿到装着珀耳塞福涅美貌的盒子后，普赛克十分好奇美貌要如何被装在盒子里，这个念头让她打开了盒子，这让阿芙洛狄忒的诡计成功，里面装的并不是什么美貌，而是睡魔。盒子打开的一瞬间，睡魔冲了出来让普赛克陷入了沉睡。

恰好这时厄洛斯偷跑了出来，看见中了母亲计策陷入沉眠的妻子，他控制不住自己对普赛克的爱意，也控制不住自己想见普赛克的心情，于是他飞到普赛克的身边唤醒了她，随即又去祈求宙斯成全自己的爱情。宙斯看着眼前的厄洛斯，一时有些恍惚，他感叹那个经常用爱情金箭捉弄自己的调皮捣蛋鬼是真的长大了，于是他答应了厄洛斯的请求。宙斯召开了众神会议，并让神使将普赛克带来奥林匹斯山，他将赐予她不朽，为她与厄洛斯举行婚礼。

普赛克被墨丘利带到奥林匹斯山
PSYCHE IS CARRIED TO THE OLYMPUS BY MERCURY

科内·凡·普伦堡（Cornelis van Poelenburgh）
40 cm × 70.5 cm｜板面油画
巴塞尔，巴塞尔美术馆

丘比特和普赛克
CUPID AND PSYCHE

安东尼·范·戴克（Anthony van Dyck）
1639 年｜200.2 cm × 192.6 cm｜布面油画
伦敦，汉普敦宫

厄洛斯找到普赛克后，用自己的弓箭轻轻戳了一下她，没有疼痛，只是恰好能让普赛克从睡梦中醒过来。

丘比特与普赛克的婚礼
THE MARRIAGE OF CUPID AND PSYCHE

庞培欧·巴托尼（Pompeo Batoni）
1756 年｜85 cm × 119 cm｜布面油画
柏林，画廊

厄洛斯
- 扩展内容 -

ANEMOI
阿涅摩伊
四风神统称

北风之神带来冬季寒风

西风之神带来春夏微风

南风之神带来夏秋暴雨

东风之神只指代东风，与季节没有关系

PAGE 154

北风之神玻瑞阿斯对雅典公主欧丽泰亚一见钟情，在求爱失败后，他化作北风将欧丽泰亚掠走。

阿涅摩伊（Anemoi）是四位风神的统称，其中包括北风之神玻瑞阿斯（Boreas）、西风之神仄费罗斯（Zephyrus）、南风之神诺托斯（Notus）与东风之神艾乌洛斯（Eurus），他们都是黎明女神厄俄斯与星辰之神阿斯特赖俄斯的孩子。玻瑞阿斯带来冬天呼啸的朔朔寒风，仄费罗斯带来春与初夏的微风，诺托斯带来夏末与秋的暴雨，而艾乌洛斯只指代东风，与季节没有任何联系。

北风之神玻瑞阿斯在艺术作品中通常是一个老人的形象，他脾气暴躁，最著名的事迹便是强抢了雅典的公主欧丽泰亚。在爱上欧丽泰亚后，玻瑞阿斯一开始还尝试着向她求爱，只是遭受拒绝之后，玻瑞阿斯还是决定采取暴力手段，当欧丽泰亚在伊利索斯河与侍女们嬉闹时，北风掠过将欧丽泰亚裹挟到天上，留下一众惊惶无措的侍女。西风之神仄费罗斯的妻子是花神克洛里斯（Chloris），他们的故事就如北风神与欧丽泰亚故事的翻版，只是西风神最后成功夺得了女神的芳心。在仄费罗斯与克洛里斯结婚后，仄费罗斯才赐予她掌管花朵、新生与春天的职责。后世的艺术作品中皆体现了西风神与妻子之间的恩爱无比，仄费罗斯还送了克洛里斯一座花园，也经常陪着妻子四处散步，只要是他们足迹到过的地方，皆百花齐放。

厄洛斯
- 扩展内容 -

HYMEN
许门
婚姻之神

阿波罗与一位缪斯女神的儿子

厄洛特斯中的一员

得到许门赐福的婚姻才能幸福美满

PAGE 156

许门（Hymen）是司掌婚姻的婚姻之神，是阿波罗与一位缪斯女神的儿子。他美得雌雄莫辨，火炬和花环是他的标志，但因他是厄洛特斯的一员，所以有时候他的形象也是一个长着翅膀的小爱神。据说，只有许门到场并赐予祝福的婚礼才能真正地幸福美满，而一场婚礼上如果未见许门的身影，那这场婚姻将以悲剧收场，所以在婚礼开始时，人们会呼喊着许门的名字，祈求他降临与祝愿自己的婚礼。曾下到冥府救妻的俄耳甫斯，在他与妻子欧律狄刻的婚礼上，他成功召唤到了许门的降临，可许门却始终没有祝福之举、欢乐之相，最终，俄耳甫斯还是与妻子天人永隔。

关于许门被奉为婚姻之神也有一个由来，相传许门曾爱慕一个女子，但那女子却拒绝了他的求爱，他并未放弃，自己也乔装成了女人，跟随爱慕的人一同去参加得墨忒尔的祭祀，可途中海盗将他与其他前去祭祀的少女一起绑架到了一个遥远荒凉的国度，幸得许门趁着海盗睡觉时将其杀死，他回到雅典，以将所有的少女带回雅典为条件，请求雅典的公民能将他爱慕之人嫁给他，雅典的公民同意了，因此，许门的婚姻十分美满。在往后的婚礼中，人们会唱歌来歌颂许门。

涅普顿的回归
THE RETURN OF NEPTUNE
约翰·辛格尔顿·科普利 (John Singleton Copley)
1754 年 | 69.9 cm × 113 cm | 布面油画
纽约，大都会艺术博物馆

波塞冬
POSEIDON

罗马名称：涅普顿（Neptune）

父：克罗诺斯（Cronus）　母：瑞亚（Rhea）

职能：海神，司掌海洋、风暴、地震、马匹

象征物

| 三叉戟 | 王冠 | 海豚 | 马匹 |

　　波塞冬（Poseidon），在罗马神话中称为涅普顿（Neptune）。作为奥林匹斯十二主神之一，波塞冬并不住在奥林匹斯山上，他的宫殿座落于蔚蓝无垠的汪洋里。宙斯掌管天空，哈迪斯统御地府，波塞冬在广袤的海域中主宰着众多生灵。他的性情像海洋一样捉摸不定，一时平静如镜，带来丰收渔获，一时激荡不安，引发海啸地震。波塞冬很少出现在天神琐碎的日常故事里，可争领土时却到处是他的身影。他是个好斗的野心家，与雅典娜争夺雅典，与赫利俄斯争夺科林斯，甚至曾与赫拉、阿波罗、雅典娜密谋让宙斯下台。可他很少有大获全胜的时候，雅典输给了雅典娜，科林斯城也只争得了一处海峡，造反更是失败，还为此被宙斯罚下凡间服役。

波塞冬的起源和亲缘关系
ORIGIN AND RELATIVE OF POSEIDON

瑞亚与克罗诺斯所生的三个儿子性情各异，波塞冬，既不如哈迪斯沉稳，又不及宙斯聪慧。

他身负蛮力，野心勃勃，宛如汹涌的海洋，充溢着强大而深邃的力量，是野性与冲动的象征……

画中故事

特里同
TRITON

特里同是大海中的信使，他拥有人的身体和鱼的尾巴，是一条男美人鱼。他时常拿着一个海螺，当他吹响海螺号角时，能使大海波涛汹涌，也能使浪潮平息下来。

三叉戟与USB标志
TRIDENT AND USB ICON

如今，我们日常使用的USB接口，其标志设计灵感源于古希腊海神波塞冬的三叉戟。三叉戟的力量强大，在波塞冬轻敲地面时，就能引得地动山摇，海水翻涌。USB使用它作为标识，寓意USB具有强大的传输能力，但其在细节上又有别于波塞冬的三叉戟，它将三个相同叉头改成了一个圆形、一个三角形和一个正方形，代表USB适用多样的电缆与设备，呈现出多样性与通用性。

《神谱》记载，波塞冬是瑞亚与克罗诺斯的儿子，是哈迪斯的弟弟也是宙斯的哥哥。最普遍的说法便是他与其他的兄弟姐妹一样一生下来便被父亲克罗诺斯吞入腹中，最后被宙斯解救。虽先于宙斯出生，但因为是再次从父亲的肚子里出来，所以都尊称宙斯为大哥。在另外的一些说法中，瑞亚将刚出生的波塞冬藏在了一群小羊里，再用一匹小马假装是自己刚生下的孩子，从而哄骗克罗诺斯吞下，之后波塞冬由罗得岛的忒尔喀涅斯[1]抚养长大。而波塞冬自己也风流成性，与宙斯的情史一个赛一个精彩，因此也育有不少的子女。与妻子安菲特里忒生下特里同，与祖母盖亚生下安泰俄斯，阿尔忒弥斯曾珍爱的青年俄里翁也是波塞冬与情人的儿子。

1. 忒尔喀涅斯：罗得岛上的第一批居民，擅冶金术，带蹼的半人半水獭模样，是原始海洋神蓬托斯的后代。

◀ **狄安娜为俄里翁之死哀悼**
DIANA MOURNING THE DEATH OF ORION

艾蒂安·德劳纳 (Etienne Delaune)
雕刻版画
华盛顿，国家美术馆

俄里翁是个英俊的猎手，也是个爱耍滑头自大狂妄的浪子。在追求普勒阿得斯七姐妹无果后，又想诱拐克奥斯的公主墨洛珀，最后被发现以失明做了代价。他经火神赫淮斯托斯引荐，见到了阿波罗，阿波罗同情他便让他恢复了光明，并且看他擅于狩猎便将其送给了姐姐阿尔忒弥斯做伴，可阿尔忒弥斯却爱上了他。阿波罗无法接受这个结果，设计让阿尔忒弥斯亲手杀了俄里翁。俄里翁之死还有另外的说法，他曾大言不惭地说自己要狩尽大地上所有的猎物，大地之母盖亚听后派去一只毒蝎将俄里翁杀死。不管俄里翁是如何死的，阿尔忒弥斯都对此伤心不已。这幅作品的前景是阿尔忒弥斯与她的队伍在为俄里翁之死感到不可置信与悲伤，后景是阿尔忒弥斯向父亲宙斯请求让俄里翁作为猎户座升上天空。

失明的俄里翁寻找朝阳
BLIND ORION SEARCHING FOR THE RISING SUN

尼古拉·普桑 (Nicolas Poussin)
1658 年 | 119.1 cm × 182.9 cm | 布面油画
纽约，大都会艺术博物馆

赫拉克勒斯与安泰俄斯
HERCULES AND ANTAEUS

安德烈亚·曼特尼亚 (Andrea Mantegna)
1497 年 | 34 cm × 23 cm | 雕刻版画
纽约，大都会艺术博物馆

安泰俄斯居住在利比亚的荒漠中，他生有神力，只要和大地母亲盖亚接触了，就会从土地中获得源源不断的力量；他爱好和路过利比亚的人摔跤，直至有一天大力神赫拉克勒斯的到来，安泰俄斯决意要与他分出胜负，但赫拉克勒斯发现了安泰俄斯离开了大地就无法获取力量的这个弱点，因此，赫拉克勒斯在与安泰俄斯摔跤时，把他举到了空中，紧抱着扼杀了他。

神域之书
161

波塞冬的形象特征、职能或技能
CHARACTERISTICS AND ROLES OF POSEIDON

胡须

健壮的成年男性

三叉戟

海豚

波塞冬 / 涅普顿
(POSEIDON / NEPTUNE)

神职：海神与震地神

形象：头戴王冠，长着胡须的成年男性

武器：三叉戟

波塞冬胸像

　　波塞冬在各种作品中的形象如同宙斯一般，是个长着胡须的健壮男子，三叉戟是波塞冬最独特的标志，《神谱》中记载他的三叉戟也是由独眼巨人赠送的。在推翻父亲克罗诺斯后，三兄弟抽签决定自己掌管哪一处，结果宙斯分到了天空，波塞冬分到了海洋，而哈迪斯分到了冥界。波塞冬出现的地方常伴有海浪，而他也戴着王冠，象征着他是海洋的王。波塞冬的坐骑是由白马牵引的黄金战车，在雅典争夺战中，他送给人类第一匹马，所以波塞冬也被誉为马匹之神；有时候他的坐骑是海豚，在《路吉阿诺斯对话集》的海神对话中，特里同和父亲波塞冬分享他见到了貌美的女子阿密墨涅，波塞冬便要骑上坐骑去追她，此时，他已等不及马匹牵上战车，只让特里同给他找只最快的海豚骑了便去。波塞冬性子暴烈，生气时能引起巨浪的翻腾，海豚作为他的圣兽却温顺无比，这象征着海面平静时波塞冬温柔的一面。波塞冬的三叉戟敲一敲地面便能使岩石开裂引流河水浇灌，所以波塞冬也被称为丰收神，要是再敲得大力些，就能引发地震，《荷马史诗》中经常形容波塞冬为震地神。

| 波塞冬 | 安菲特里忒 |

涅普顿和安菲特里忒（图1）
NEPTUNE AND AMPHITRITE
约翰·戈塞特（Jan Gossaert）
1516 年 | 188 cm × 124 cm | 木板油画
柏林，画廊

涅普顿（图2）
NEPTUNE
匿名
18 世纪末 | 90.1 cm × 70.9 cm
布面油画

涅普顿与安菲特里忒
NEPTUNE AND AMPHITRITE
汉斯·乌尔里希·弗兰克（Hans Ulrich Franck）
30.5 cm × 36 cm | 粉笔和墨水画
纽约，大都会艺术博物馆

涅普顿
NEPTUNE
乔瓦尼·贝尔纳迪（Giovanni Bernardi）
7.9 cm × 6.5 cm
华盛顿，国家美术馆

波塞冬与尼刻
POSEIDON AND NIKE
公元前 470—公元前 460 年
高 49.4 cm | 红彩陶器
纽约，大都会艺术博物馆

神域之书
163

波塞冬的主要事迹 - I
FAMOUS STORIES OF POSEIDON - I

AMPHITRITE
安菲特里忒

画中故事

安菲特里忒
AMPHITRITE

涅普顿与安菲特里忒
NEPTUNE AND AMPHITRITE

马修斯·特韦斯顿（Mattheus Terwesten）
1750 年
166.5 cm × 125.7 cm
布面油画
恩斯科德，特温特国家博物馆

纳克索斯岛（Naxos）是爱琴海上基克拉泽斯群岛中最大的岛屿，是基克拉泽斯文明的中心，岛上最大的城镇也叫纳克索斯，滨海多风，是个适合水上运动的旅游胜地。由于酒神狄俄尼索斯在这个岛上遇见了被忒修斯抛弃的阿里阿德涅，因此这个岛屿也被称为是酒神的婚礼岛。而这座岛上最高的山峰又叫宙斯山，在山脚下有一个叫宙斯洞的洞穴，这里也被认为是宙斯出生或藏身的众多洞穴之一。

波塞冬这位性子狂烈的海神却有一位温柔的海后——安菲特里忒。《神谱》记载，安菲特里忒是海神涅柔斯与水泽仙女多里斯的女儿，是海洋仙女。波塞冬第一次见到安菲特里忒是在纳克索斯岛上，他从跳舞的仙女中一眼便看上了她，想带她回自己的宫殿。但安菲特里忒并不愿意，为了守护自己的贞洁，她逃到了阿特拉斯山。波塞冬也没有放弃对她的追求，他派出许多的海洋中生物来打探安菲特里忒的下落，最后是海豚们发现了安菲特里忒，它们不仅领了波塞冬前去，还帮忙劝说安菲特里忒嫁给他，安菲特里忒自知自己逃不过，没有过多挣扎便答应了。为了奖励海豚的此次大功，波塞冬将它们升上天空，成为海豚座。天后赫拉是哺育的母神，海后安菲特里忒在海中的地位也如同这般，《奥德赛》记载安菲特里忒滋养了无数的鱼儿，在人们的眼中，她就是大海的化身，并且用她的名字来称呼海洋。波塞冬的情人并不比宙斯的少，而安菲特里忒对此的态度却与赫拉截然不同，她并不嫉妒，也不加害，不知是因为她的良善本身，还是因为她并没真心地爱着波塞冬。

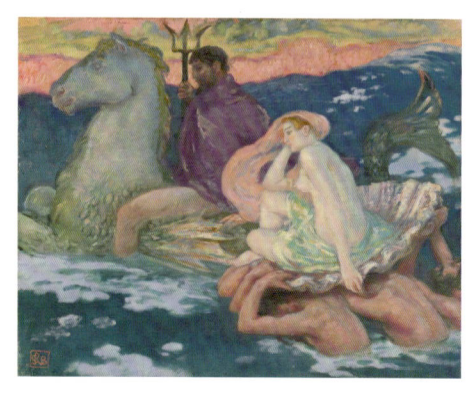

波塞冬和安菲特里忒
POSEIDON AND AMPHITRITE

鲁伯特·邦尼（Rupert Bunny）
1913 年 | 65.2 cm × 81.2 cm | 布面油画
坎培拉，澳洲国立美术馆

涅普顿与安菲特里忒的凯旋
TRIUMPH OF NEPTUNE AND AMPHITRITE

小法兰斯·弗兰肯（Frans Francken the Younger）
17 世纪 30 年代 | 23.5 × 30.9 cm | 铜上油画
克利夫兰，克利夫兰艺术博物馆

波塞冬的主要事迹 - II
FAMOUS STORIES OF POSEIDON - II

THE WALLS OF TROY
特洛伊城墙

在特洛伊战争中替特洛伊人阻挡希腊大军入侵著名的特洛伊城墙正是出自波塞冬与阿波罗之手，可好好的两位主神为何会下凡替凡人干修筑的工作？原来这是他们企图篡位宙斯失败而得到的惩罚，而这场篡位的计划是由天后赫拉提出的。泰坦之战后，赫拉隐居于索纳克斯山，那时的她慈悲仁爱，善待万物。而现在，为了守护自己的婚姻，她展露恶毒的一面，不停地打压着丈夫的每位艳遇，尽管如此，宙斯的情人还是只增不减。可那些被宙斯看上的女子又有什么过错呢？归根结底还是宙斯风流成性，最后赫拉终于对宙斯忍无可忍，与波塞冬和阿波罗一起密谋篡位。波塞冬野心勃勃，早已对宙斯的神王之位觊觎良久，很是乐于参与进这场谋逆，只是最后还是以失败告终。宙斯顾念赫拉是自己的妻子，只罚了波塞冬与阿波罗下凡为特洛伊国王拉俄墨冬服役。

波塞冬同阿波罗变成凡人的模样来到拉俄墨冬的面前，提出要给他修筑一座特洛伊城墙，拉俄墨冬又惊又喜，扬言城墙建完成之后会给他们丰厚的报酬。但这位国王心怀鬼胎，不讲诚信，待完美的特洛伊城墙完工，他并不承认自己曾经许下的诺言。神明最忌讳的便是凡人对他们大不敬，不少对神明发出挑战的凡人皆落得凄惨的下场，更何况是欺骗神明这般恶劣的行径。波塞冬性子暴烈，立马便引来巨浪冲向特洛伊，还派出一只海怪前去，阿波罗则是给特洛伊送去了一场瘟疫。为此，特洛伊人民叫苦连连。拉俄墨冬没有办法，只能前去询问神谕，神谕说要想度过此次苦难，拉俄墨冬需把自己的女儿赫西俄涅献祭给海怪。

阿波罗与涅普顿在给拉俄墨冬提供修筑特洛伊城墙的建议
APOLLO AND NEPTUNE ADVISING LAOMEDON ON THE BUILDING OF TROY
多梅尼基诺 (Domenichino)
1616—1618 年 | 湿壁画 | 305.8 cm × 183.4 cm
伦敦，国家美术馆

《变形记》插图，阿波罗与波塞冬帮助拉俄墨冬建造特洛伊城墙

这幅插图描述了两个场景，右边是波塞冬与阿波罗正勤恳地为拉俄墨冬修筑特洛伊城墙，在拒绝支付两位神明报酬后，洪水淹没了特洛伊城外；左边的画面中，拉俄墨冬的女儿赫西俄涅被铁链绑在岩石上献祭给海怪，在她面前举起棍棒与海怪搏斗的是大力神赫拉克勒斯。他与拉俄墨冬做了一笔交易，只要他把赫西俄涅救出来，拉俄墨冬需给他宙斯赠予的神马，原来拉俄墨冬便是伽倪墨得斯的父亲，宙斯曾为掳走伽倪墨得斯给了拉俄墨冬神马作为补偿。可在赫拉克勒斯救出赫西俄涅后，拉俄墨冬依然食言了，城门一关，有了特洛伊城墙的阻挡，拉俄墨冬仍然认为无人能奈他何。

拉俄墨冬拒绝向波塞冬与阿波罗支付报酬
LAOMEDON REFUSING PAYMENT TO POSEIDON AND APOLLO
罗伯特·斯特兰奇（仿萨尔瓦多·罗萨）
(Robert Strange After Salvator Rosa)
1790 年 | 44.7 cm × 35.6 cm | 蚀刻版画
爱丁堡，苏格兰国家画廊

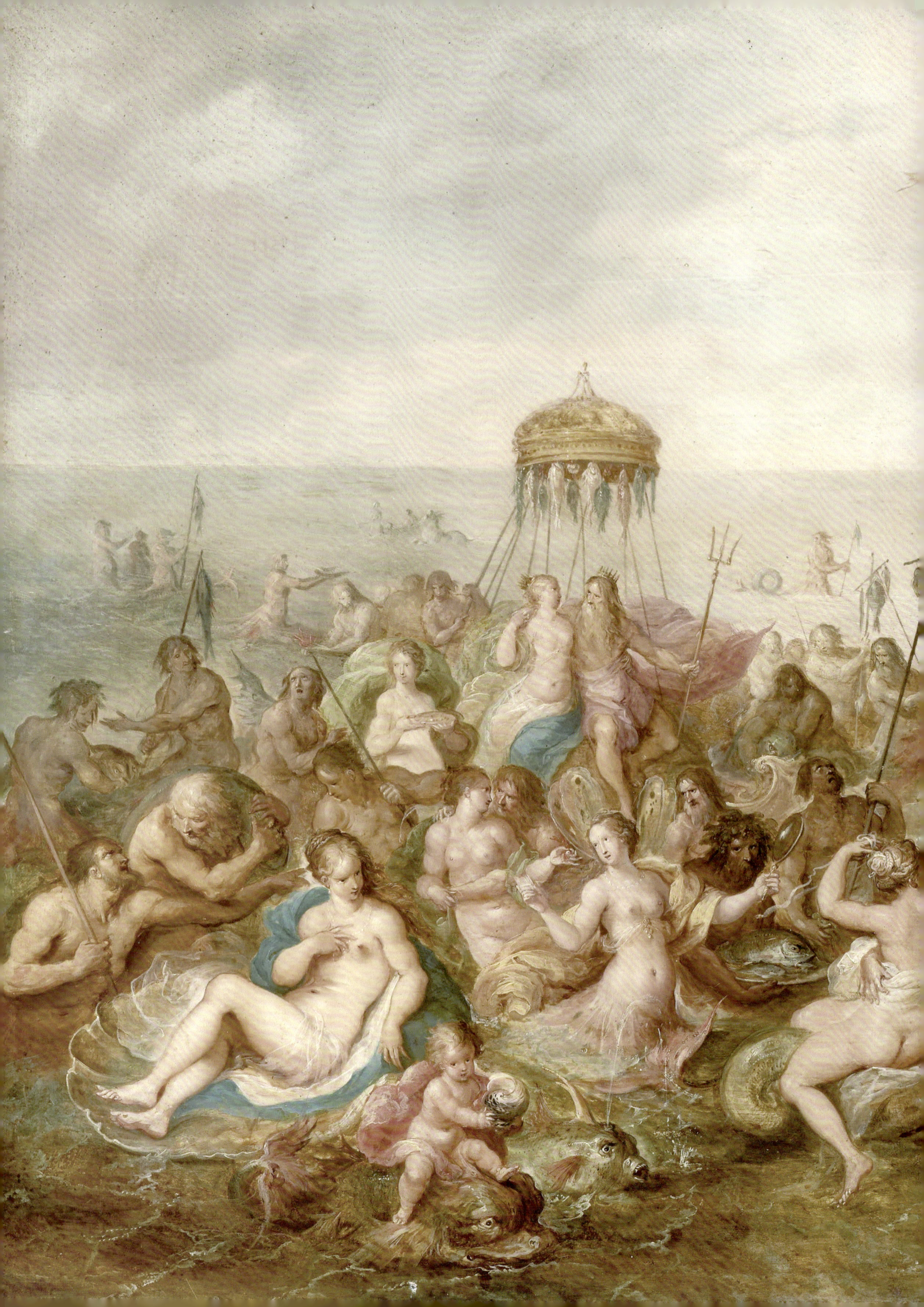

涅普顿与安菲特里忒
NEPTUNE AND AMPHITRITE

小法兰斯·弗兰肯 (Frans Francken the Younger)
1616—1620 年 | 74 cm × 53 cm | 木板油画
锡比乌, 布鲁肯撒尔博物馆

俄耳甫斯和欧律狄刻（局部：哈迪斯与珀耳塞福涅）
ORPHEUS AND EURYDICE
(DETAIL: HADES AND PERSEPHONE)

彼得·保罗·鲁本斯与其工作室
(Peter Paul Rubens and Workshop)
1636—1638 年 | 196.5 cm × 247.5 cm | 布面油画
马德里，普拉多博物馆

哈迪斯
HADES

罗马名称：普路同（Pluto）

父：克罗诺斯（Cronus）　母：瑞亚（Rhea）

职能：冥神，司掌冥界、死者、财富

象征物

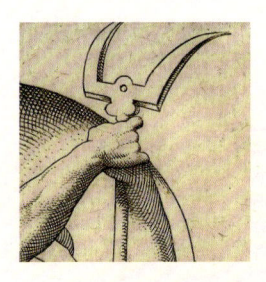

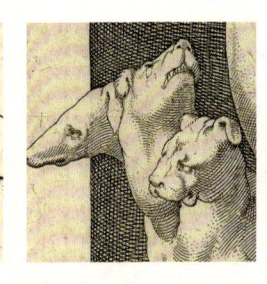

| 双叉戟 | 王冠 | 地狱犬 | 马匹 |

哈迪斯（Hades），在罗马神话中称为普路同（Pluto）。在古希腊神话中，一个存在感极低却又是不可或缺的一位神便是冥王哈迪斯。当奥林匹斯山上熙熙攘攘，各种天神故事层出不穷的时候，我们几乎看不到哈迪斯的身影，因为天神拥有永恒的生命，极少需要与一位掌管死亡的神打交道。而哈迪斯的性子阴沉，不喜热闹，享受黑暗，也极少踏出冥界。若是不刻意去关注冥界的消息，那么只有在讲述英雄的故事中才能听到哈迪斯的名字，因为英雄再怎样伟大也是凡人，生命有限。当死亡来临的时刻，所有与肉体分离的灵魂皆要经过指引进入哈迪斯统领的冥界，接受审判及迎来最终的归宿。

神域之书
169

哈迪斯的起源和亲缘关系
ORIGIN AND RELATIVE OF HADES

地下的世界似乎比向地上世界展露了一角的大海更加阴暗神秘，那是由哈迪斯所统御的死者领域。**他屹立在永生神灵的背面，为所有的亡灵提供永恒的归宿，是世界秩序运转绝对不可缺少的存在……**

《神谱》记载，哈迪斯是克罗诺斯与瑞亚的儿子，是宙斯与波塞冬的大哥，他是被克罗诺斯第一个吞下的儿子，也是最后一个被吐出来的，与波塞冬一样，因为再生所以都尊称宙斯为大哥；与宙斯和波塞冬相比，哈迪斯情史可谓是屈指可数，除了冥后珀耳塞福涅之外，海洋女神琉刻与水泽仙女明塔曾是哈迪斯的情人，这位寡言少语的冥王，在希腊神话中却未曾记载他有过一儿半女。

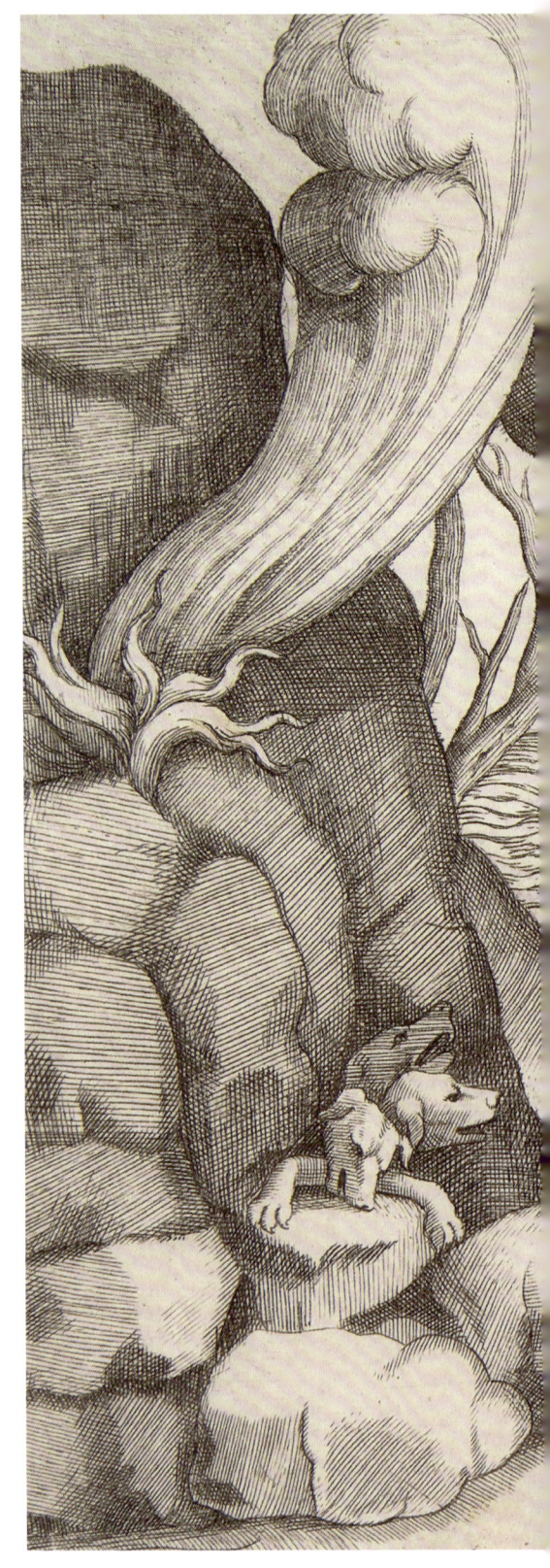

画中故事

海洋女神琉刻
LEUCE

琉刻是三千大洋神女之一，她与珀耳塞福涅一样都是被哈迪斯掳来冥界，但她在冥界里过得并不开心，最后抑郁而终。在她死后，冥王将她变成一棵白杨树放在了至福乐土（Elysian Plain）。

水泽仙女明塔
MINTHE

明塔是冥界悲叹之河克塞特斯河（Cocytus）中的水泽仙女，她曾一度深受冥王哈迪斯的宠爱，冥后珀耳塞福涅出于嫉妒，将她变成了会发出刺鼻味道的薄荷。而另一种说法为她曾对珀耳塞福涅出言不逊，由冥后的母亲得墨忒尔将她变成了薄荷。

▶ **朱庇特，涅普顿和普路同**
JUPITER, NEPTUNE AND PLUTO
卡拉瓦乔（Caravaggio）
1597 年 | 300 cm × 180 cm | 湿壁画
罗马，卢多维西别墅

神域之书
170

| 哈迪斯 | 宙斯 | 波塞冬 |

朱庇特、涅普顿与普路同瓜分世界
JUPITER, NEPTUNE AND PLUTO DIVIDING THE UNIVERSE

朱利奥·博纳松（Giulio Bonasone）
1531—1576 年 | 19.5 cm × 26.1 cm | 雕刻版画
纽约，大都会艺术博物馆

三兄弟正在瓜分世界，左边指着地狱三头犬的是哈迪斯，中间指向云端的是宙斯，云上放着他的武器雷霆，抱着酒瓮可能是酒侍赫柏和伽倪墨得斯，而右边指向大海的则是波塞冬。

神域之书
171

哈迪斯的形象特征、职能或技能
CHARACTERISTICS AND ROLES OF HADES

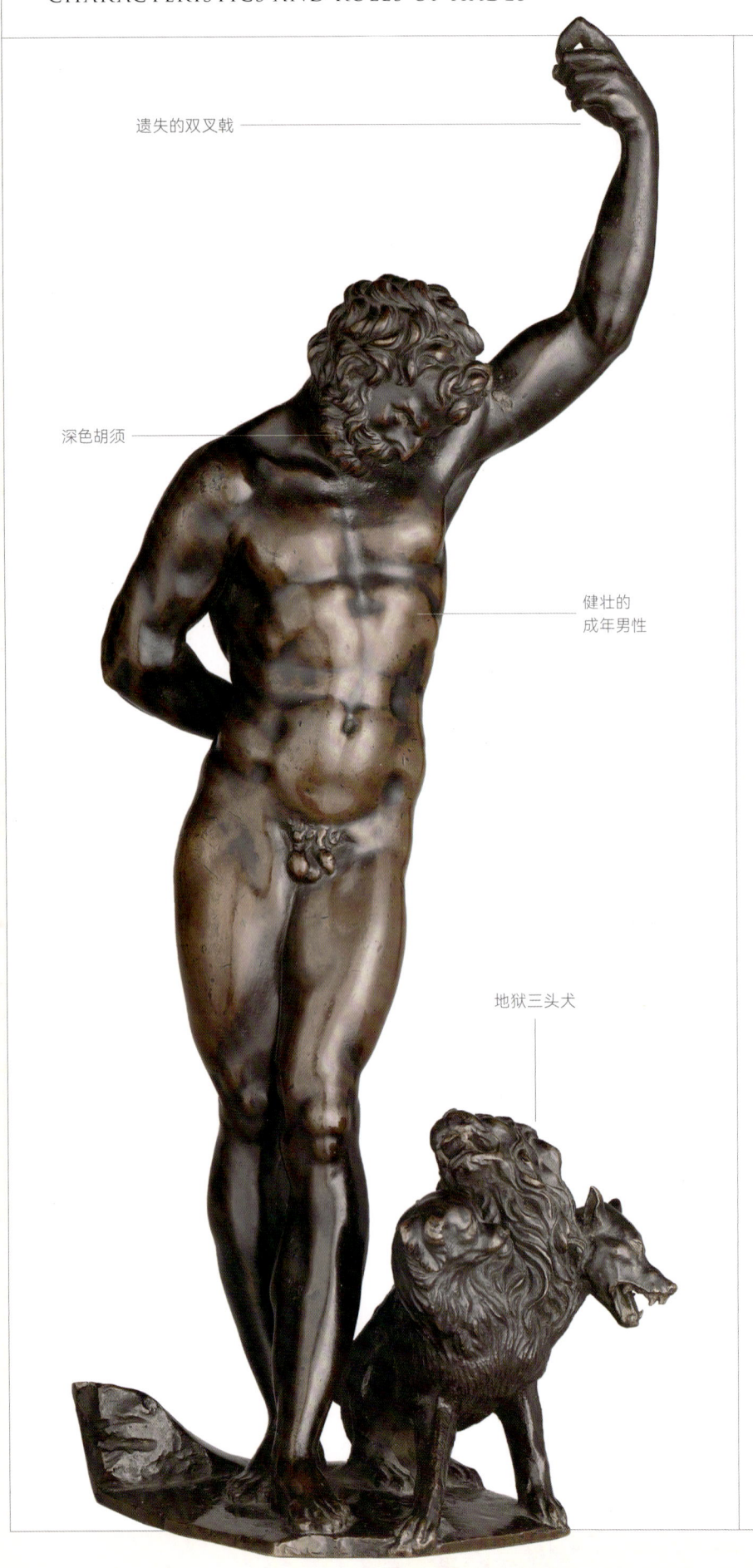

遗失的双叉戟

深色胡须

健壮的
成年男性

地狱三头犬

哈迪斯 / 普路同（HADES / PLUTO）

神职：冥王，司掌冥界、死者、财富

形象：头戴王冠，长着胡须的健壮中年男性

武器：双叉戟

哈迪斯与地狱三头犬刻耳柏洛斯

在艺术作品中哈迪斯的形象也是留有深色胡须的健壮中年男子。他手持双叉戟，若是不注意可能会和手持三叉戟的波塞冬认混。而他的坐骑也与波塞冬的相似，只不过哈迪斯的战车由四匹黑马牵拉，而波塞冬的是白马。人们相信冥界在土地之下，而土地会带给人们收成与财富，因此哈迪斯还被认为是司掌富裕的神。哈迪斯最有代表性的标志便是常伴他身侧的地狱三头犬刻耳柏洛斯，它替冥王哈迪斯看管冥府的大门，它允许任何亡灵进入，但亡灵一旦踏进冥府大门，就不再允许出去，因此它的工作便是阻止想要偷跑出去的亡灵。哈迪斯虽然是冥界的统领，但他不亲自执掌每个人的生死。生命的开始和结束由命运三女神掌控，克洛托负责纺织出生命线，拉刻西斯负责生命线纺织的长短，阿特洛波斯负责剪断生命线。生命以何种方式来结束由死神来负责，塔纳托斯带来平静安详的死亡，凯瑞斯则带来暴烈痛苦的死亡。在进入冥界之后，负责对亡灵审判的有三位判官，分别是拉达曼迪斯、埃阿科斯与米诺斯，他们都是宙斯在人间的儿子，且都是伟大的英雄。审判进行时，拉达曼迪斯最严厉，埃阿科斯最宽容，一旦双方产生分歧，便由米诺斯来决定最终的结果。

神域之书

进入极乐世界的亡灵　　　拉达曼迪斯　　　等待审判的亡灵　　地狱三头犬
　　　　　　　　　　　　埃阿科斯　　　　　　　　　　　　　　摆渡者卡戎
　　　　　　　　　　　　　米诺斯

路德维希·马克（LUDWIG MACK）于 1829 年所画作品《冥界》

中央的座位上有三位审判官，从左至右分别是拉达曼迪斯、埃阿科斯与米诺斯。画中最右边的是摆渡者卡戎与地狱三头犬，他们与判官之间的亡灵在不安地哭泣，因为未知的审判正在等待他们，而审判者的左边却是截然不同的一幅光景，他们是已经审判完成并进入极乐世界的亡灵，正在载歌载舞。

命运三女神
THE THREE FATES

亚历山大·罗特豪格
（Alexander Rothaug）
1910 年｜124 cm × 174 cm｜蛋彩画
私人收藏

这幅作品的命运三女神十分容易辨认，左边的克洛托正从纺锤中取线编织生命线，右边的拉刻西斯正在测量生命线的长短，而中间的阿特洛波斯正扬起剪刀待剪断生命线；三位女神的服饰诠释了这一过程，长裙颜色从浅至深，是岁月的沉淀；发饰上的花从花蕊至盛放到枯萎，是生命的轮回；三位女神脚下的小人体现得更加明显，从新生，成长到没入棺土，都向观者展现了她们手中掌控的是凡人漫长又短暂的一生。

哈迪斯与珀耳塞福涅（图1）
HADES AND PERSEPHONE

公元前 1 世纪末至公元 1 世纪
7.8 cm × 7.9 cm｜玛瑙浮雕
纽约，大都会艺术博物馆

普路同与他的座驾（图2）
PLUTO AND HIS CHARIOT

科内利斯·科特（仿弗兰斯·弗洛里斯）
(Cornelis Cort After Frans Floris)
1565 年｜22 cm × 20.2 cm｜蚀刻版画
伦敦，大英博物馆

神域之书
173

冥界旅程
JOURNEY TO THE UNDERWORLD

希腊神话亡灵进入冥界流程

事件 — 地点 — 人物

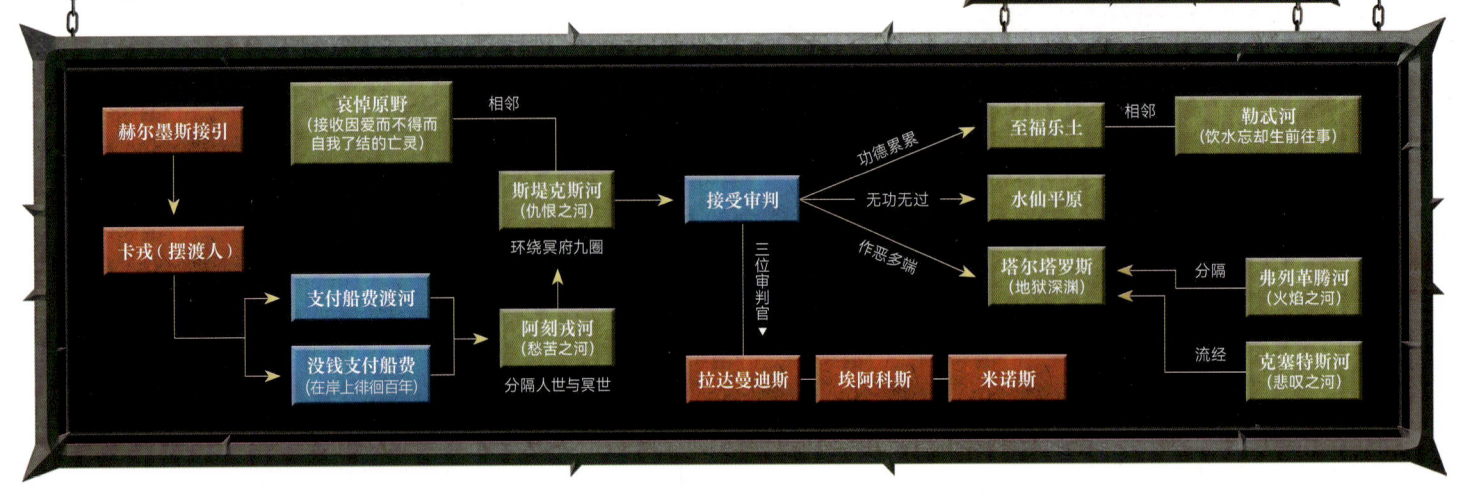

```
赫尔墨斯接引 → 哀悼原野（接收因爱而不得而自我了结的亡灵）—相邻—
    ↓
卡戎（摆渡人）→ 斯堤克斯河（仇恨之河）→ 接受审判 —功德累累→ 至福乐土 —相邻— 勒忒河（饮水忘却生前往事）
    ↓                  环绕冥府九圈              —无功无过→ 水仙平原
 支付船费渡河                                    —作恶多端→ 塔尔塔罗斯（地狱深渊）—分隔— 弗列革腾河（火焰之河）
 没钱支付船费 → 阿刻戎河（愁苦之河）                                                     —流经— 克塞特斯河（悲叹之河）
 （在岸上徘徊百年）  分隔人世与冥世           三位审判官：拉达曼迪斯　埃阿科斯　米诺斯
```

画中故事

卡戎带着灵魂渡过冥河
CHARON CARRIES SOULS ACROSS THE RIVER STYX

亚历山大·利托夫琴科（Alexander Litovchenko）
1861年 | 布面油画
圣彼得堡，俄罗斯博物馆

没钱支付船费的亡灵一般被认为是人世没有亲人为他们举行墓葬，他们只能坐在岸边哀泣或者恳求卡戎破例将他们载走，但卡戎不会怜悯这些亡灵，他们只能在这岸边徘徊，等候上百年才能上船。

正在斯堤克斯河上划船的卡戎

正如哈迪斯稳重冷静的性子，亡灵进入冥界也有一套井然有序的流程。死亡之际，灵肉分离，亡灵由接引人赫尔墨斯带领来到阿刻戎河（Acheron）河畔，这条河被称为"愁苦之河"，是人世与冥世的界限。河畔上有一位摆渡人卡戎（Charon），亡灵需要支付这位船夫过河费才能上船，没钱的亡灵要在岸边徘徊百年，因此，古希腊人在下葬亡者时会在其嘴里放一枚硬币，来帮助他们交钱渡河。卡戎摆渡亡灵渡过阿刻戎河和斯堤克斯河（Styx），斯堤克斯河绕着冥府边界蜿蜒九圈，被称为"仇恨河"。这时候亡灵到达刻耳柏洛斯看管的冥府，开始接受三位判官的审判，若是生前功绩累累，道德崇高，便会被送往至福乐土（Elysian Plain）；若是生前坏事做尽，便会被打下塔尔塔罗斯地狱，受尽永恒的折磨。悲叹之河克塞特斯河（Cocytus）流经塔尔塔罗斯，里面流淌着受刑亡灵的泪水和哀号。为了分隔塔尔塔罗斯，哈迪斯还创造了一条火焰之河弗列革腾（Phlegethon），这条河长年燃烧着烈火，阻止接受惩罚的亡灵逃脱。而那些无功又无过的亡灵会被送往水仙平原（Fields of Asphodel）。在至福乐土的旁边，遗忘之河勒忒河（Lethe）承担着孟婆汤的工作，亡灵喝下河水，就会忘记生前的往事。在斯堤克斯河附近还有一处哀悼原野（Mourning Fields），它提供给那些在爱里受了伤痛，又无法放下执念而自己了结生命的亡灵，他们在这处漫无目地徘徊着，祭奠着自己那永无回应的情感与因爱而生的憎恨。

神域之书
174

◀ 伯纳德·皮卡尔（Bernard Picart）于 1727 年所作的书籍插图

这幅作品中，冥王哈迪斯正在亲自对亡灵进行审判，他头上的王冠与手中的两齿叉是辨认他的标志，而这幅画后面的背景正是塔尔塔罗斯地狱，穷凶极恶之徒正在受尽惩罚，那依稀可辨的旋转火轮，正是冒犯了天后赫拉的登徒子伊克西翁的归宿。

横渡斯堤克斯河 ▼
CROSSING THE RIVER STYX

若阿基姆·帕蒂尼尔（Joachim Patinir）
1520—1524 年 | 64 cm × 103 cm | 板面油画
马德里，普拉多博物馆

乐土　　　　　　　摆渡者卡戎正带领亡灵渡河　　　　　　　地狱

卡戎正摆渡着一个人类灵魂在斯堤克斯河上前行，他面临着一个分岔路口，往左边是祥和的乐土，往右边是黑暗的地狱。乐土上似乎有灵魂在向他们招手，但卡戎与船上的灵魂不为所动，纷纷面向着右边，顺着这个方向可以看到正在看守地狱大门的地狱三头犬刻耳柏洛斯，预示着这个人类灵魂的最终归宿。

哈迪斯的主要事迹 - I
FAMOUS STORIES OF HADES - I

PERSEPHONE
珀耳塞福涅

画中故事

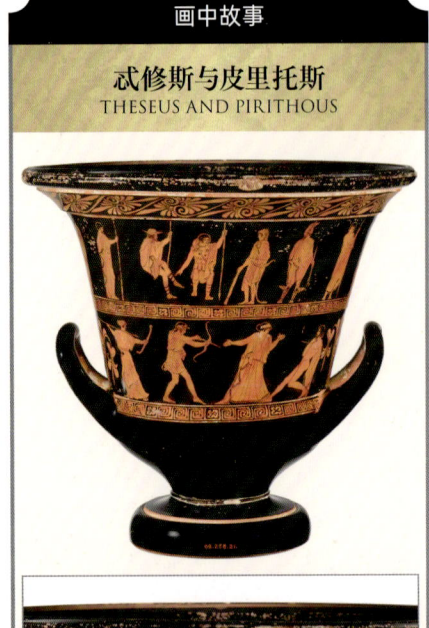

忒修斯与皮里托斯
THESEUS AND PIRITHOUS

瓶子上方局部

这里的五个人从左至右分别是哈迪斯、皮里托斯、忒修斯、赫拉克勒斯与赫尔墨斯。对继子因爱生恨的淮德拉自杀死后，晚年的忒修斯与同样丧妻的至交好友皮里托斯相约一定要娶到宙斯的女儿。忒修斯的本意乃是去抢一个宙斯在凡间的女儿，可没想到皮里托斯却把目光放在了正统神祇冥后珀耳塞福涅的身上。忒修斯觉得此举有些冒犯神明，心中犹豫，但他最终还是选择遵守与好友的承诺，与皮里托斯一起下到冥界。哈迪斯察觉了他们的意图，两人的行动最后毫无悬念地以失败告终。在赫拉克勒斯被赫尔墨斯带领进入冥界完成捕捉地狱三头犬的功绩时，他发现了坐在石头上的忒修斯与皮里托斯，两人被紧紧绑在一起，动弹不得。赫拉克勒斯有意救出他们，可刚为忒修斯松了绑，冥王哈迪斯就已出现在皮里托斯的身后，最终赫拉克勒斯只来得及救出忒修斯一人，而皮里托斯则被永远留在了冥界。

这位大门不出，二门不迈的冥王，鲜少听闻他有什么风流韵事，一出门要么是接引亡灵，要么是巡逻检查冥界流程正常运行。《变形记》中，天上的阿芙洛狄忒看着他忙来忙去，心中纳闷，就连神王宙斯都深陷爱中，为何这位冥王却油盐不进。而她最近正因为越来越少人信奉爱情而苦恼，想到得墨忒尔的女儿珀耳塞福涅（罗马神话中又称普罗塞耳皮娜）也想像雅典娜与阿尔忒弥斯那般终身不嫁，她一时来了主意。阿芙洛狄忒让厄洛斯向哈迪斯射出一支金箭，他看到了正在采花的珀耳塞福涅，一见倾心，说什么都要把她抢走。珀耳塞福涅百般挣扎，不断地向自己的母亲呼救，可哈迪斯丝毫不理，策马扬鞭，飞驰而去。

哈迪斯驾车经过了一处海湾，里面住了一位仙女库阿涅，她认出了哈迪斯怀中的珀耳塞福涅，连忙探出身体阻止，苦口婆心地劝说哈迪斯应该向珀耳塞福涅求爱而不是暴力地强抢，可惜哈迪斯未理会她的规劝。仙女库阿涅劝说无果后，在湖中哭着哭着便化作了湖水。后来得墨忒尔经过此处，含泪寻找女儿的下落，库阿涅已经没有了嘴唇，无法将她所见之事一一道出，可她还是努力地将珀耳塞福涅所遗落的腰带飘到了得墨忒尔的面前，得墨忒尔立马便明白女儿这是被掳走了。她作为农业女神，这片土地受她的庇护，年年丰收，肥沃无比，可如今这片土地却任由自己的女儿被强掳而去，她怒火中烧，碾碎了庄稼，降害给牲畜。这时另一位湖上女仙不愿看见这幅惨象，告诉了得墨忒尔是她的兄弟哈迪斯将她的女儿强抢而去，得墨忒尔一时发怔，又立马动身前往奥林匹斯山寻找宙斯帮忙。

掠夺普罗塞耳皮娜 | THE RAPE OF PROSERPINA
彼得·保罗·鲁本斯（Peter Paul Rubens）
1636—1637 年 | 181 cm × 271.2 cm | 布面油画
马德里，普拉多博物馆

这幅作品中的哈迪斯正抱着珀耳塞福涅上自己的战车，坚守贞洁的女战神雅典娜和女猎神阿尔忒弥斯皆伸出手来阻挡哈迪斯，而她们俩中间的爱与美神阿芙洛狄忒却一边拉着雅典娜，一边挡着后面阿尔忒弥斯的行动，她的儿子小爱神还帮哈迪斯策马离去。

掠夺普罗塞耳皮娜
THE RAPE OF PROSERPINA
老扬·勃鲁盖尔（Jan Brueghel the Elder）
18.7 cm × 26 cm｜铜上油画

得墨忒尔知宙斯的身边从不缺少美人，自己已经无法再打动他，在见到宙斯后，她只一直强调珀耳塞福涅也是他的女儿，苦苦哀求他去把他们的女儿要回来，可对于宙斯来说，一面是自己的哥哥，一面是自己的姐姐，他两边都不想得罪，只能从中周旋着，于是他便决定把珀耳塞福涅的每年分为两半，一半回到母亲身边，一半留在冥界。当珀耳塞福涅回到得墨忒尔的身边时，大地生机勃勃，郁郁葱葱，这便是春夏两季，而当珀耳塞福涅回去冥界时，大地的景象便开始萧萧瑟瑟，这便是秋冬两季。

在女儿普罗塞耳皮娜被绑架后，得墨忒尔祈求朱庇特的帮助
DEMETER BEGGING FOR JUPITER'S HELP AFTER THE KIDNAPPING OF PROSERPINE
安托万·弗朗索瓦·凯莱特（Antoine-Francois Callet）
1777 年｜200 cm × 250 cm｜布面油画
波士顿，波士顿美术馆

珀耳塞福涅的回归
THE RETURN OF PERSEPHONE
弗雷德里克·雷顿（Frederic Leighton）
约 1891 年｜203 cm × 152 cm｜布面油画｜利兹，利兹画廊

神域之书
177

哈迪斯的主要事迹 - II
FAMOUS STORIES OF HADES - II

ORPHEUS
俄耳甫斯

工艺品

俄耳甫斯与欧律狄刻
ORPHEUS AND EURYDICE

奥古斯特·罗丹（Auguste Rodin）
1887—1893 年 | 123.8 cm × 79.1 cm × 64.5 cm
大理石浮雕
纽约，大都会艺术博物馆

这里的欧律狄刻以灵魂的形式飘浮在洞口，从背后拥抱着俄耳甫斯，但此时紧闭双眼的俄耳甫斯已经踏出了洞口，他感受不到妻子的触碰与温度，最终还是没有忍住回头看了欧律狄刻，让之前所做的一切前功尽弃。

带有俄耳甫斯和欧律狄刻的钟表
CLOCK WITH ORPHEUS AND EURYDICE

让-巴蒂斯·乌布·姆拉迪
(Jean-Baptiste ubuc Mladi)
1810 年 | 58.5 cm × 41 cm × 20 cm | 镀金青铜浮雕
萨格勒布，艺术和工艺品博物馆

作为阿芙洛狄忒势力鲜少造访之地，冥界似乎一直都给人一种阴冷无情的感觉，理智凌驾于感情之上的冥王哈迪斯更是如此，可这位冥王也曾成全过一段悲戚的爱情，尽管命运的齿轮并未因此而停留。俄耳甫斯（Orpheus）是一位著名的音乐家和诗人，他与妻子欧律狄刻之间感情深厚，百般恩爱，但在他们的婚宴上，欧律狄刻不幸被毒蛇咬伤，最终毒发身亡。俄耳甫斯悲痛欲绝，决心要下到冥界挽回妻子，他在冥王的面前弹起最擅长的里拉琴，琴声哀切动人，充满着对亡妻的深深思念，他的音乐让无数的鬼魂黯然泪下，最终冥王和冥后也为之动容，允许他带着欧律狄刻离开冥界，但他们给俄耳甫斯提了一个要求：在未正式踏出冥界之前，俄耳甫斯不可以回头看他的妻子。

俄耳甫斯和欧律狄刻
ORPHEUS AND EURYDICE

吉恩·拉乌（Jean Raoux）
1709 年 | 布面油画
洛杉矶，盖蒂中心

画中的俄耳甫斯显然已经从哈迪斯那里获得了带走欧律狄刻的准许，他拉着欧律狄刻的手，已经迫不及待地要带妻子回到人间。欧律狄刻却显得较为从容，她的回头也许是在感谢冥王与冥后的恩赐。哈迪斯与珀耳塞福涅慈爱地看着他们，此刻，他们是真心地在成全这一对凡间夫妇，但这一切似乎还是无法脱离原本的命运轨迹。画面的左下角，命运三女神的工作还在继续，阿特洛波斯已经作势要剪断生命线了。

神域之书
178

> 俄耳甫斯和欧律狄刻
> ORPHEUS AND EURYDICE
> 爱德华·波因特（Edward Poynter）
> 1862 年 | 51.2 cm × 71.1 cm | 布面油画
> 私人收藏

这幅画里除了在赶路的俄耳甫斯与欧律狄刻，远处的树下还有不少相依偎的人们，他们都是亡灵。古时候，人们相信死者可以在冥界以灵魂的形式继续相伴。柏拉图的《会饮篇》曾谈到俄耳甫斯这样的吟游诗人缺乏阿尔刻提斯[1]的勇气，他选择活着下冥府去找欧律狄刻，却不愿意为欧律狄刻而死，以灵魂的形式与欧律狄刻相聚。

1. 阿尔刻提斯：色萨利国王阿德墨托斯的王后，当阿德墨托斯身患重病之时，阿波罗为他向命运三女神求了一个恩典，只要阿德墨托斯身边有亲人愿意为他而死，阿德墨托斯就能活下去，而他的父母皆不愿为儿子付出自己的生命，只有妻子阿尔刻提斯毅然决然地答应了这个条件。

◀ 俄耳甫斯领着欧律狄刻出冥界
ORPHEUS LEADING EURYDICE FROM THE UNDERWORLD
让 - 巴蒂斯·卡米耶·柯洛
(Jean-Baptiste Camille Corot)
1861 年 | 112.3 cm × 137.1 cm | 布面油画
休斯敦，休斯敦美术博物馆

这幅画里的俄耳甫斯走得急切，他多么想下一步就能踏进人间，身后的欧律狄刻努力地拉着他的手，却像已经快跟不上他的脚步，可就在他踏入人间时，他大喜过望，忘了身后的欧律狄刻半个身子还在冥界里面，他就那般迫不及待地回头看了她，而这一眼，欧律狄刻便真正地消失了。有时候，大喜大悲只在一瞬间，在这次永远地失去欧律狄刻之后，俄耳甫斯依然痛心责骂冥王哈迪斯的无情。要问俄耳甫斯究竟是否爱欧律狄刻，答案是肯定的，刻耳柏洛斯不会让踏进冥府的人再出去，可俄耳甫斯依然义无反顾地来了，他也成了活着出入冥府的一个例外，这何尝又不是一种勇气！可要问俄耳甫斯是否能为欧律狄刻失去一切，这就不得而知了，毕竟到最后俄耳甫斯还是没有为了能与欧律狄刻永久地重聚而牺牲自己。

神域之书

哈迪斯
-扩展内容-

DEMETER
得墨忒尔

| 农业女神 | 谷物女神 | 丰收女神 |

奥林匹斯山十二主神之一

具有让土地肥沃，农作物丰收和

让大地贫瘠，寸草不生的能力

PAGE 180

得墨忒尔（Demeter）是古希腊神话中农业、谷物与丰收的女神，位列奥林匹斯山十二主神之一，其罗马名为刻瑞斯（Ceres）。她是宙斯的二姐，但也和他育有一女珀耳塞福涅。得墨忒尔最著名的事迹便是跋山涉水地寻找失踪的珀耳塞福涅。得墨忒尔具有让土地肥沃，农作物丰收的能力，同时，她也有让大地贫瘠，寸草不生的能力，在意识到女儿在被她庇佑的土地上被冥王哈迪斯掳走之后，得墨忒尔曾迁怒于这片土地上，让它了无生机。作为农业女神，得墨忒尔在艺术作品中的形象通常会头戴金色的麦穗环，手中捧着蔬果或是持着镰刀。除了宙斯，波塞冬也曾对得墨忒尔热烈地追求过，得墨忒尔为了躲避波塞冬曾化作一匹母马躲到马群中，可她身上的神性依然让波塞冬在一众马匹中认出了她，于是他化作一匹种马混入马群中与得墨忒尔交合，得墨忒尔对此十分生气，认为自己被侮辱了，随后，她穿上一袭黑衣躲进了一个山洞，洁净自己，而这段时间大地的庄稼与牲畜都逐渐枯萎与死亡。

哈迪斯
-扩展内容-

THANATOS
塔那托斯
死神

黑夜女神倪克斯之子
睡神修普诺斯的孪生兄弟
代表祥和的死亡

PAGE 182

黑夜女神倪克斯与她的儿子,其中闭上眼睛的是睡神修普诺斯,手持火炬的是死神塔那托斯。

塔那托斯（Thanatos）是黑夜女神倪克斯（Nyx）之子，他与睡神修普诺斯为孪生兄弟，一同住在冥界。塔那托斯代表祥和的死亡，他经常与修普诺斯一同运送安眠的死者前往冥界。宙斯凡间的儿子萨尔珀冬在特洛伊战争中战死后，宙斯曾通过阿波罗传令塔那托斯与修普诺斯将萨尔珀冬带回他的家乡利西亚。尽管塔那托斯降临的死亡是平和安乐的，但死亡本身始终为人们所恐惧，恨不得避而远之。但有一位名叫西西弗斯的凡人，机智狡猾，丝毫不惧与死神交手。他的一生为自己积累了无数的财宝，死亡降临时，自是不想乖乖地跟着死神下到冥界。于是，当塔那托斯来到他身边，他设计让塔那托斯戴上了手铐。一时，世间没有了死者，冥王得不到献祭，只好告知宙斯。宙斯遂派阿瑞斯去到西西弗斯处释放塔那托斯。当必须面临死亡后，西西弗斯告诉妻子自己死后千万不要献祭，因为他打定主意冥王得不到献祭会短暂地释放他回去交代妻子。如他所愿，冥王确实短暂地释放了他，但西西弗斯在完成交代后并未履行承诺回到冥界。因此，冥王憎怒地叫塔那托斯再次去摄取西西弗斯的灵魂，并判罚他在塔尔塔罗斯将一块大岩石推到山顶，每当岩石快要到达山顶时，它会自己滚落下来，西西弗斯从此重复着永无止境的动作。

哈迪斯
-扩展内容-

HYPNOS
修普诺斯
睡神

黑夜女神倪克斯之子

死神塔那托斯的孪生兄弟

为人类提供安眠

PAGE 184

修普诺斯（Hypnos）是希腊神话中的睡神，与死神塔那托斯一同为黑夜女神倪克斯（Nyx）之子。他居住在冥界的一个山洞中，是光与声音皆无法企及之处，遗忘之河发源于此。他的洞口种满了代表沉眠之意的罂粟花，因此，修普诺斯在艺术作品的形象特征除了正在沉睡之外，罂粟花也是辨认他的一个重要标志。

修普诺斯能给人类提供安眠，是一个十分温和的神明。因睡眠是人类不可或缺的东西，所以修普诺斯也非常受人们崇拜。而诸神也同样无法抗拒修普诺斯的力量，连宙斯也不例外。赫拉曾两次借助修普诺斯的力量来使宙斯沉眠，第一次她去迫害正在海上航行归家的赫拉克勒斯，待宙斯醒来知道此事后十分愤怒，他四处寻找修普诺斯要惩罚他，可修普诺斯早已因为害怕躲到了母亲倪克斯处。第二次则是赫拉为介入特洛伊战争，本来这次修普诺斯并不打算再违背宙斯帮助赫拉，但重金之下必有勇夫，赫拉答应修普诺斯只要他肯帮她，她会将帕西忒亚嫁给他。帕西忒亚是荷马史诗《伊利亚特》中的美惠三女神之一，修普诺斯与她生下三个梦神；能幻化成各种飞禽走兽的伊刻洛斯，能幻化成物体的方塔苏斯与能幻化成人形的摩耳甫斯，他们分别以各种不同的姿态进入梦乡。

休息中的马尔斯
MARS RESTING

迭戈·委拉斯开兹 (Diego Velazquez)
1640 年 │ 179 cm × 95 cm │ 布面油画
马德里，普拉多博物馆

阿瑞斯
ARES

罗马名称：马尔斯（Mars）

父：宙斯（Zeus）　母：赫拉（Hera）

职能：战争之神，司掌战争、勇气

象征物

头盔　　　　　长矛　　　　　盾牌

　　阿瑞斯（Ares），在罗马神话中称为马尔斯（Mars）。在希腊神话中，描刻阿瑞斯的故事寥寥无几，无论是在奥林匹斯山上还是在人间，他都是不那么受欢迎的存在。阿瑞斯的性格暴戾，他的到来意味着战争和血腥，在众神一片祥和欢腾时，他自然而然地被排除在外。可在罗马神话中，马尔斯的待遇却是另一番光景。在罗马军团中，他是除了朱庇特以外人们最崇拜的一位神。因为马尔斯在罗马神话中最初是掌管农业和畜牧的神，人们向他祈求农作物的丰收与畜牧业的繁荣，在节日里，人们向马尔斯献祭牲畜。在罗马帝国进行扩张后，马尔斯才开始成为战争的守护神，自此，他便与希腊神话中的阿瑞斯等同。

阿瑞斯的起源和亲缘关系
ORIGIN AND RELATIVE OF ARES

人们对战争的厌恶源于其残酷本质，特别是阿瑞斯所代表的战争，它扎根于人性恶面中的冲动和欲望。

唯有上阵杀敌的战士对他抱持崇尚之心，因为他们需要阿瑞斯赐予所向披靡的热血与勇气……

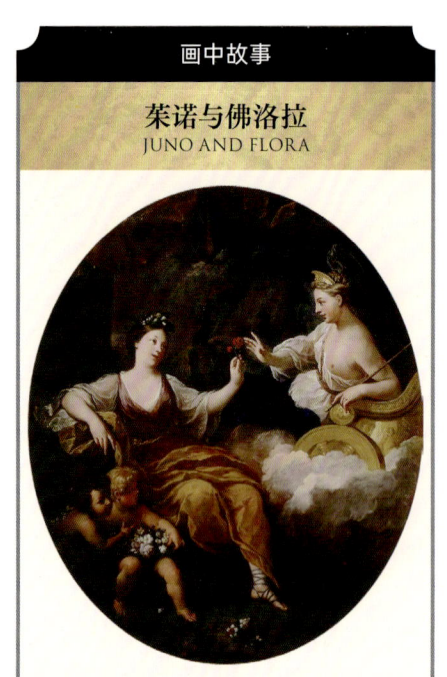

《神谱》中记载，阿瑞斯是宙斯与赫拉的儿子。同为战争之神，阿瑞斯似乎经常与女战神雅典娜联系在一起。雅典娜诞生于宙斯的脑中，赫拉认为这挑战了妇女作为母亲独有的孕育生命的能力，于是她去询问花神佛洛拉如何可以做到独自孕育生命。佛洛拉有一朵神奇的魔花，在轻拨过魔花之后，她用手指点了点赫拉的腹部，赫拉便怀上了阿瑞斯，因此，这也是关于阿瑞斯起源的另一种说法。阿瑞斯虽然由正宫赫拉所生，可他却是宙斯最不喜欢的儿子。在《伊利亚特》中，宙斯训斥他只爱吵架、战争与斗殴，他认为其继承了赫拉所有暴虐的缺点。这位嗜血嗜杀的战神的后代有惊恐神福波斯，恐怖神得摩斯，也有著名的厄洛特斯（小爱神群体统称）。

画中故事

茱诺与佛洛拉
JUNO AND FLORA

邦·布洛涅 (Bon Boullogne)
1702 年 | 147 cm × 124 cm | 布面油画
巴黎，凡尔赛宫

佛洛拉 (Flora) 是罗马神话中的春天与鲜花女神，在希腊神话里对应的女神是克洛里斯 (Chloris)，但显然更加广泛流传的是她的罗马名字。佛洛拉的丈夫是最温和、最适宜植物生长的西风，在罗马神话里是法沃纽斯 (Favonius)，对应希腊神话里帮助厄洛斯带走普赛克的西风神仄费罗斯 (Zephyrus)。另一说法称，仄费罗斯的正妻是彩虹的化身伊里斯，花神克洛里斯是他绑架掠走的情人。

马尔斯与维纳斯因爱而结合
MARS AND VENUS UNITED BY LOVE

保罗·委罗内塞 (Paolo Veronese)
16 世纪 70 年代
205.7 cm × 161 cm
布面油画
纽约，大都会艺术博物馆

这幅作品的阿瑞斯不再是一副残暴无仁的形象，他卸下了武装，搀扶着自己的情人下车。阿芙洛狄忒的乳房流出了滋养的乳汁，脚边是他们的孩子厄洛斯，一家人其乐融融，画面传递出爱与养育的文明之美。

马尔斯、维纳斯和丘比特
MARS, VENUS AND CUPID

保罗·委罗内塞 (Paolo Veronese)
1580 年 | 165.2 cm × 126.5 cm | 布面油画
爱丁堡，苏格兰国家画廊

阿瑞斯的形象特征、职能或技能
CHARACTERISTICS AND ROLES OF ARES

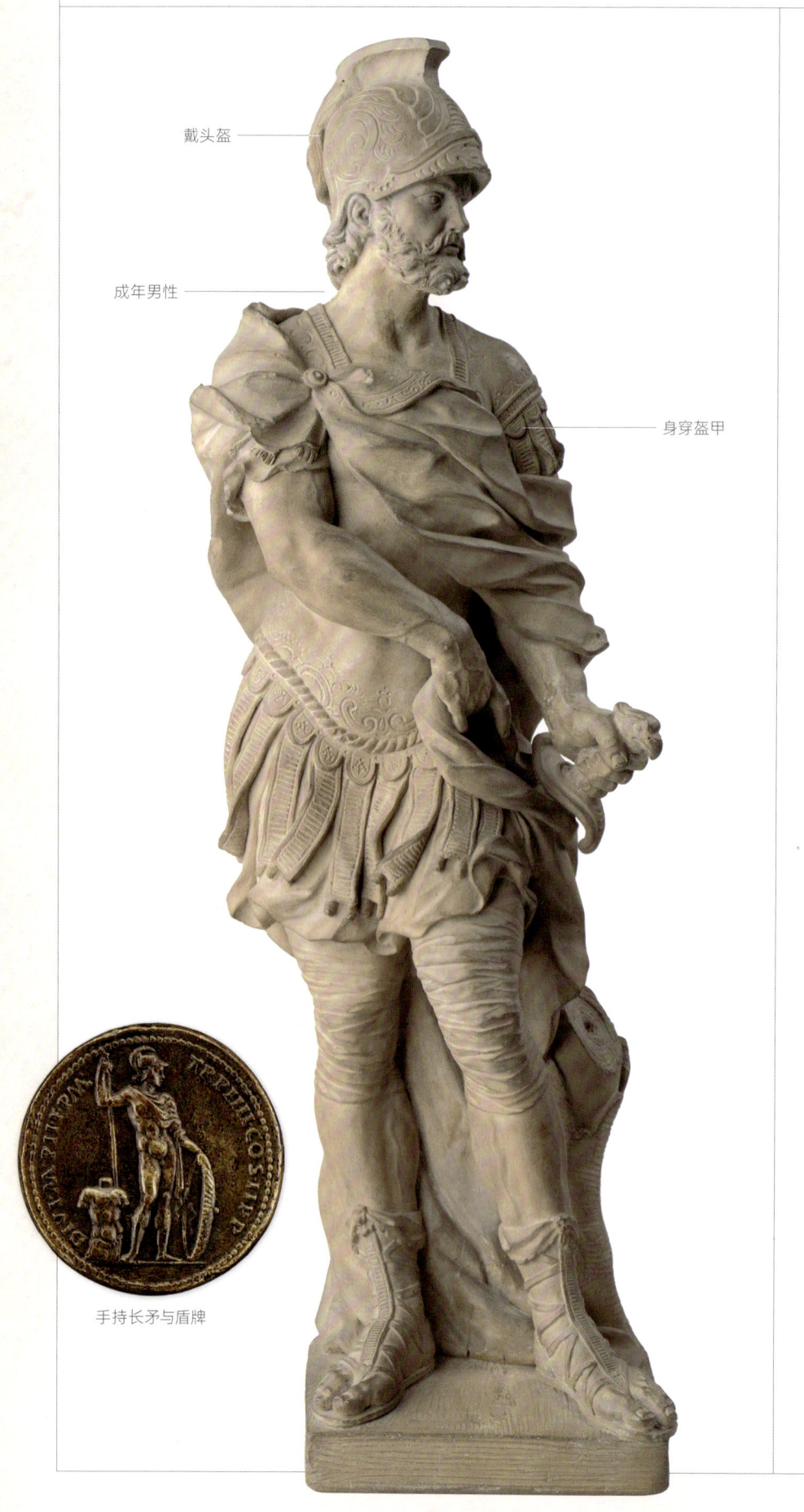

戴头盔

成年男性

身穿盔甲

手持长矛与盾牌

阿瑞斯 / 马尔斯（ARES / MARS）

神职：战争之神，司掌战争、勇气

形象：穿盔甲和拿长矛的英俊男子

阿瑞斯的木雕形象

作为阿芙洛狄忒的情夫，阿瑞斯被形容为英俊挺拔的男子，他与雅典娜一样，常戴头盔，身穿铠甲，阿瑞斯的武器是一杆长矛，也有一面与之相配的盾牌。同为战争之神，阿瑞斯与雅典娜的区别在于他所代表的战争是勇莽、凶残和嗜血的，而雅典娜兼为智慧女神，她所代表的战争是有谋略、军法与组织的，她主张和平，而阿瑞斯所到之处却极其容易点起战火，因此，雅典娜与阿瑞斯之间有过不少纷争。这位不受待见的战神在古希腊神话中的篇幅很少，在奥林匹斯山上最著名的故事便是与阿芙洛狄忒偷情之事被发现，这恐怕也是他最丢脸的事情，因为他曾因此事被众神耻笑良久。在特洛伊战争时，阿瑞斯的出场才渐渐多了起来，因为战争是他的主场，只要他身处战争中，便能唤起战士们的暴虐因子，成为只知杀戮的莽夫。

羊男萨堤尔　厄瑞涅　雅典娜　阿瑞斯

▲ 密涅瓦保护和平远离战争（图1）
MINERVA PROTECTS PAX FROM MARS

彼得·保罗·鲁本斯（Peter Paul Rubens）
1629—1630 年 | 203.5 cm × 298 cm | 布面油画
伦敦，国家美术馆

密涅瓦让马尔斯远离和平与繁荣
MINERVA SENDING AWAY MARS FROM PEACE AND PROSPERITY（图2）

丁托列托（Tintoretto） | 1576—1577 年
148 cm × 168 cm | 布面油画 | 威尼斯，总督宫

（图1）（图2）这两幅作品中，雅典娜皆做推开阿瑞斯状，而雅典娜身后的女神是和平的化身厄瑞涅（Eirene），在罗马神话中又称帕克斯（Pax），她是时序三女神之一；厄瑞涅的身边一片欢声笑语，蔬果繁盛；在第一幅作品中，她的头上还戴着象征和平的橄榄叶环；阿瑞斯象征着破坏的战争，他的到来将会导致这一片祥和不复存在，因此，女战神雅典娜抵御着他的接近，她为和平而战。

马尔斯 | MARS

乔瓦尼·弗朗切斯科·罗马内利
（Giovanni Francesco Romanelli）
17 世纪 | 111 cm × 111 cm | 布面油画
斯德哥尔摩，瑞典国立博物馆

神域之书
191

阿瑞斯的主要事迹 - I
FAMOUS STORIES OF ARES - I

A TROJAN WARRIOR
特洛伊战士

马尔斯与密涅瓦 | MARS AND MINERVA
大卫·科洛克·埃伦斯特拉尔工作室
(Workshop of David Klocker Ehrenstrahl)
221 cm × 161 cm | 布面油画
斯德哥尔摩，瑞典国立博物馆

阿瑞斯第一次降落在特洛伊战争的战场时，雅典娜便把阿瑞斯拉到一旁，告诫他切勿插手特洛伊人与希腊人的战争，且在一旁看着就行；尽管阿瑞斯在战场中已经蠢蠢欲动，但看着平时与自己剑拔弩张的姐姐竟这般好言相劝，又不愿得罪父亲宙斯，便答应了这个要求，可阿瑞斯的天性就注定了他在战场上是个易爆的炸弹。在这场战争中有一位被雅典娜祝福的希腊英雄狄奥墨得斯，也有一位被阿芙洛狄忒守护的特洛伊英雄埃涅阿斯，他是阿芙洛狄忒与一位特洛伊旁支王子安喀塞斯的儿子，雅典娜赐予狄奥墨得斯天赋，让他能够分清战场上哪些是真的凡人，哪些是由神明所假扮的凡人。她告诉狄奥墨得斯除了神明外他可以向任何人发起攻击，但又允许他攻击阿芙洛狄忒。在埃涅阿斯被狄奥墨得斯逼得节节败退险些失去性命时，阿芙洛狄忒立刻下到战场把自己的儿子救走，狄奥墨得斯看见是阿芙洛狄忒，依然穷追不舍，并刺伤了爱与美神的手腕。阿芙洛狄忒勃然变色，她没想到区区一个凡人竟敢伤害不朽的神明，她把受伤的埃涅阿斯交由站在特洛伊人这一边的远射神阿波罗所保护，又向在一旁观战的阿瑞斯借了战车匆匆地往奥林匹斯山赶去向宙斯告状。战场中狄奥墨得斯带领的希腊大军士气节节高涨，而狄奥墨得斯再次欲夺埃涅阿斯的性命，但阿波罗的抵挡震慑住了他。看着还真的在战场边乖乖观

狄俄墨得斯所伤的维纳斯被伊里斯所救
VENUS, WOUNDED BY DIOMEDES, IS SAVED BY IRIS
约瑟夫-玛丽·维恩 (Joseph-Marie Vien)
1775 年 | 162 cm × 207.5 cm | 布面油画
哥伦布，哥伦布艺术博物馆

战半天的阿瑞斯，阿波罗出口激怒他，说他的行为实在有辱他嗜杀的战神之名，况且情人阿芙洛狄忒还被凡人所伤，他竟然只是在一旁观战。阿瑞斯哪受得住这样的挑衅，立马从了自己的本心化作一名特洛伊战士上了战场。

阿瑞斯一踏进战场便鼓舞了特洛伊军中的士气，狄奥墨得斯看到领军的竟是战神阿瑞斯，便不敢冒进，毕竟女神雅典娜只告诉自己可以伤害阿芙洛狄忒。因此，阿瑞斯带着特洛伊军队一路高歌猛进。天上的赫拉却并不满意这个结果，当时帕里斯把金苹果给了阿芙洛狄忒而并非她的时候，她便一直记恨帕里斯，而恰好帕里斯就是特洛伊的一位王子，赫拉自是不会站在特洛伊人这一边。因此，她带上雅典娜去宙斯处寻求把阿瑞斯赶出战场的许可。宙斯答应了，雅典娜便下凡鼓励狄奥墨得斯同阿瑞斯战斗，而她会在背后帮助他。狄奥墨得斯有了女神的承诺就再无所顾虑，在女神的力量加持下，阿瑞斯得到了和阿芙洛狄忒同样的待遇——被狄奥墨得斯的长矛刺伤，而阿瑞斯这一受伤，特洛伊军队的士气也因此下降。虽然阿瑞斯是我们最熟知的战争之神，可他的实力却远不如女战神雅典娜，甚至常吃败仗，他更多的是战争崇拜与杀戮精神的一种代表，因此，阿瑞斯的形象常常在如今的影视作品中代表了一种与正义背道而驰的好战嗜杀的反派。

战场中的马尔斯
MARS ON THE BATTLEFIELD
巴尔托洛梅乌斯·斯普兰格
(Bartholomeus Spranger)
1580 年

画中故事

马尔斯与雅典娜之战
THE COMBAT OF MARS AND MINERVA

贾克-路易·大卫 (Jacques-Louis David)
1771 年 | 146 cm × 181 cm | 布面油画
巴黎，卢浮宫

这幅作品讲述的是化为凡人的阿瑞斯作为特洛伊军队领队被雅典娜击败的故事，相传雅典娜借了哈迪斯的隐形头盔，她跟在狄奥墨得斯的后面设法让狄奥墨得斯的长矛击中了阿瑞斯，而阿芙洛狄忒得知这件事，从天上赶下来救援，跟在阿芙洛狄忒旁边的厄洛斯还在为父亲受伤而擦着眼泪。

战后归来：维纳斯卸下马尔斯的武装

阿瑞斯的主要事迹 - II
FAMOUS STORIES OF ARES - II

IMPRISONMENT IN A BRONZE JAR
囚困铜瓮

阿瑞斯不仅败北过雅典娜，甚至连阿洛伊代也不曾打赢，还险些丢了性命。阿洛伊代是波塞冬的两个巨人儿子，奥托斯与厄菲阿尔忒斯，他们身材魁梧，九岁时便长到将近三米，身高和力量每年俱增。有着这样的身形和与之相匹配的力量，他们根本不把奥林匹斯山诸神放在眼里，奥托斯看上了阿尔忒弥斯，厄菲阿尔忒斯则看上了赫拉，兄弟甚至想攻克上奥林匹斯山抢夺两位女神。只是在这之前，阿瑞斯好像更为不幸一些，他被阿洛伊代兄弟所绑架，《伊利亚特》中记载，阿瑞斯被阿洛伊代兄弟用锁链绑着，困在青铜瓮里十三个月，若不是赫尔墨斯得知消息赶来救援，阿瑞斯便即将迎来神陨。这两个巨人兄弟最终死在爬上奥林匹斯山的途中，阿波罗派出一只鹿到他们中间，两兄弟都拿出长矛想要射杀这只鹿，但鹿躲闪灵敏，他们都因长矛刺中了彼此而身亡。

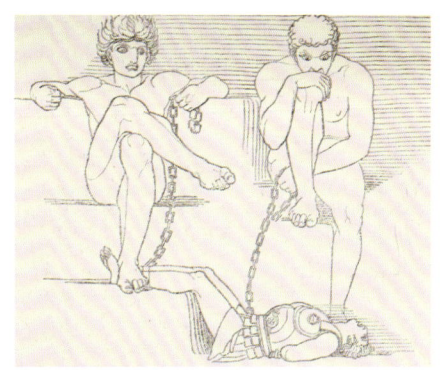

阿瑞斯被奥托斯和厄菲阿尔忒斯捆绑
ARES WAS TIED UP BY OTOS AND EPHIALTES
约翰·弗拉克斯曼 (John Flaxman) | 1910 年

携带火种的普罗米修斯
PROMETHEUS CARRYING FIRE
扬·科西尔斯（Jan Cossiers）
1637 年 | 182 cm × 113 cm | 布面油画
马德里，普拉多博物馆

普罗米修斯
PROMETHEUS

罗马神话中无对应角色

父：伊阿佩托斯（Iapetus）　　母：克吕墨涅（Clymene）

职能：人类之父，人类文明的传播者

象征物

火炬

普罗米修斯（Prometheus），他的名字意为"先见之明"。罗马神话中没有直接对应于的普罗米修斯的角色。传说中，他是创造人类的神明，与奥林匹斯山上的主神相比，普罗米修斯是最亲近人类的神明，诸神对待人类的态度一般取决于人类是否信奉于他，对待信徒，诸神降下恩惠，对待不敬者，便降下惩罚。他待人类如自己的子女一般，并为了造福人类不惜得罪宙斯，成为了著名的神罚者，他以自己的身躯为人类带来了火种，使人类得以获得文明、进步和繁荣。普罗米修斯的形象在文学和艺术中被广泛描绘，被赞誉为智慧、启迪与社会进步的象征。

普罗米修斯的起源和亲缘关系
ORIGIN AND RELATIVE OF PROMETHEUS

泰坦之战是宙斯为了让自己创立的文明秩序取代原始的力量统治，而人类无条件地敬奉神明是宙斯所认为的一条准则。**普罗米修斯在人类处于弱势的神族文明里，选择为了人类的文明进步去触碰宙斯的逆鳞，他并非泰坦之战中的战败者，却还是付出了惨烈的代价……**

《神谱》中记载，普罗米修斯由泰坦神伊阿佩托斯与大洋神女克吕墨涅所生，他还有兄弟阿特拉斯，墨诺提俄斯与厄庇米修斯，阿特拉斯是扛天球的泰坦神，当初普罗米修斯曾给赫拉克勒斯建议，让赫拉克勒斯先帮阿特拉斯扛会儿天球，再让他去采摘金苹果；泰坦神墨诺提俄斯在泰坦之战中战败，被宙斯打下了塔尔塔罗斯地狱；厄庇米修斯的名字则与普罗米修斯相反，意为"后见之明"，正是这位愚蠢的弟弟，给普罗米修斯守护的人类带来了一场大灾难。

画中故事

普罗米修斯的解脱
PROMETHEUS'S LIBERATION

卡尔·布洛赫（Carl Bloch）
1864 年 | 46 cm × 38 cm | 布面油画
里伯，里伯艺术博物馆

普罗米修斯和阿特拉斯
PROMETHEUS AND ATLAS

公元前 560—公元前 550 年 | 直径 20.2 cm
黑彩陶器 | 梵蒂冈，格列高利 - 伊特鲁里亚博物馆

陶器右边的普罗米修斯被绑在柱子上，老鹰啄食着他的肝脏。左边是他的兄弟擎天神阿特拉斯，他也因受到了宙斯的惩罚而被迫将天球扛在肩上。

普罗米修斯 | PROMETHEUS ▶

古斯塔夫·莫罗（Gustave Moreau）
1868 年 | 205 cm × 122 cm | 布面油画
巴黎，古斯塔夫·莫罗博物馆

赫拉克勒斯解放普罗米修斯
HERCULES FREEING PROMETHEUS

尼古拉斯·贝尔丁（Nicolas Bertin）
1703 年｜60 cm × 49.4 cm｜布面油画
伯明翰，伯明翰博物馆和美术馆

普罗米修斯的形象特征、职能或技能
CHARACTERISTICS AND ROLES OF PROMETHEUS

中年男性

太阳

浓密的胡子

盗走的火种

普罗米修斯（PROMETHEUS）

职能：人类之父，人类文明的传播者

形象：长着浓密胡须的中年男子，手持火炬

雕刻着普罗米修斯造人圣甲虫形宝石

　　普罗米修斯在艺术作品中的形象一般为长着浓密胡须的中年男子，没有特别代表性的武器或者权杖，因为他并不像奥林匹斯山十二主神那样拥有特定的职能；普罗米修斯不常出现在奥林匹斯山诸神的故事中，他已被囚困良久，因他此前的盗火种壮举十分轰动，在塑造普罗米修斯的形象时，火炬便成为他的标志物。普罗米修斯因创造了人类以及一直为人类谋福利之举被称为"人类之父"，同时，他还是一个出色的预言家，甚至能预知宙斯的命运，他曾预言当宙斯与海洋女神忒提斯结合时，他们的孩子将会推翻宙斯的宝座，宙斯虽然憎恨普罗米修斯，却依然十分认可他出色的预言术，因为这条预言，宙斯放弃追求了忒提斯，并让她嫁给了一个凡人。

神域之书

被缚的普罗米修斯 | PROMETHEUS BOUND
托马斯·科尔 (Thomas Cole)
1847 年 | 162.6 cm × 243.8 cm | 布面油画
旧金山,旧金山美术博物馆

普罗米修斯　　高加索山

普罗米修斯 | PROMETHEUS
何塞·克莱门特·奥罗斯科
(Jose Clemente Orozco)
1930 年 | 610 cm × 870 cm | 壁画
克莱蒙特,波莫纳学院弗拉瑞餐厅

带有普罗米修斯的双耳喷口杯 | KRATER WITH PROMETHEUS
公元前 360—公元前 350 年
35 cm × 39.5 cm × 7.1 cm
红彩陶器
洛杉矶,盖蒂中心

普罗米修斯的主要事迹 - I

FAMOUS STORIES OF PROMETHEUS - I

THE ORIGIN OF HUMAN
人类起源

画中故事

普罗米修斯
PROMETHEUS

在中国，关于人类起源的说法一般是女娲捏泥人，而在古希腊神话中有一种说法是普罗米修斯创造的人类，他以水和土，捏出泥人，而这些泥人只空有躯壳，人的灵魂是由智慧女神雅典娜所注入的。普罗米修斯把人类当作孩子来爱护，他教导人类制作驱除疾病的药物，教他们预言的技能，分辨征兆，教他们分辨鸟类的习性，教他们各种日常的生活技巧，所以他也被称为人类之父。

《工作与时日》中记载了五个人类世纪：黄金时代、白银时代、青铜时代、英雄时代及黑铁时代。黄金时代的人们生活如神明一般，没有病痛，没有衰老，到生命结束之时便安详地死去，这一代的人类由克罗诺斯一

普罗米修斯用黏土创造人类
PROMETHEUS CREATING MAN IN CLAY

科斯坦丁·汉森
(Constantin Hansen)
1845 年 | 37 cm × 39.5 cm | 布面油画
哥本哈根，丹麦国立美术馆

奥托·格莱纳 (Otto Greiner)
1909 年 | 120.5 cm × 80.5 cm | 布面油画
渥太华，加拿大国立美术馆

普罗米修斯用黏土捏出人类后，这个躯壳仍然了无生气，他一副沉思的模样望着远方，在等待为人类送来灵魂的神明。

黄金时代 | THE GOLDEN AGE

老卢卡斯·克拉纳赫 (Lucas Cranach the Elder)
1530 年 | 75 cm × 103.5 cm | 板面油画
奥斯陆，国立艺术、建筑和设计博物馆

白银时代的结束 ▶
THE CLOSE OF THE SILVER AGE
老卢卡斯·克拉纳赫（Lucas Cranach the Elder）
1530 年 ｜ 50.2 cm × 35.7 cm ｜ 橡木油画
伦敦，国家美术馆

代神明所造；奥林匹斯山的神明又创造了白银时代的人类，受宙斯统治，他们有着近百年的漫长婴儿期，长大后却常起冲突，更不敬神明；宙斯将其覆灭后又创造了青铜时代的人们，这个时代的人们酷爱战争，极度信奉阿瑞斯，他们用青铜制造盔甲兵器还有房屋；在覆灭之后，宙斯又创造了英雄时代的人类，这个时代便是著名的特洛伊战争发生的时代，人类与半神居住在一起；而最后的一个时代便是黑暗的黑铁时代，这个时代的人们相互猜忌，彼此没有信任，只在乎力量而不注重道义，对神明也是丝毫不敬仰，活在黑暗的悲惨世界。这五个人类世纪的人们看起来似乎没有一个是由普罗米修斯所造，其实，在早期的古希腊神话中并没有普罗米修斯造人的说法，而更多是歌颂他为人类无私奉献的事迹。

青铜时代 ｜ THE AGE OF BRONZE
保罗·菲亚明戈（Paolo Fiammingo）
1580—1596 年 ｜ 128.2 cm × 195 cm
板面油画

黑铁时代 ｜ THE AGE OF IRON
保罗·菲亚明戈（Paolo Fiammingo）
1580—1596 年 ｜ 128.2 cm × 195 cm
板面油画

普罗米修斯的主要事迹 - II
FAMOUS STORIES OF PROMETHEUS - II

THEFT OF FIRE
偷盗火种

画中故事

偷盗火种
THEFT OF FIRE

朱塞佩·柯利尼翁
(Giuseppe Collignon)
1814 年 | 湿壁画
佛罗伦萨，彼提宫

这幅作品中普罗米修斯正从阿波罗的太阳战车中盗取火种，而在他的身旁正是与他共同创造人类的雅典娜，她支起的盾牌巧妙地挡住了普罗米修斯的身影，不让阿波罗发现此次偷盗。

克里斯蒂安·格里彭凯尔
(Christian Griepenkerl)
1878 年
布面油画
奥登堡，奥古斯特博物馆

关于普罗米修斯偷盗火种还有另一种说法即他从宙斯处获取了火种，而这幅作品中宙斯因醉酒陷入沉睡，他怀中的少年正是他掠夺回来的伽倪墨得斯，如今是天上的持杯人，在他们的身后，普罗米修斯正从宙斯手中握的雷霆中偷盗火种。

在墨科涅里，神明与人类发生了争执，作为此次争执的最终结果，人类以后需要向神明献上祭祀餐。偏爱人类的普罗米修斯偷偷耍了个诡计，他把牛的瘤胃盖在肥美的牛肉与内脏上面，又用闪亮的脂肪把牛骨给包裹住，让宙斯从中选一个作为祭祀餐；宙斯自然是毫不犹豫选择了第二份，可他很快就发现了端倪，脂肪下面全是牛的白骨；宙斯因普罗米修斯竟敢帮人类来欺骗他而大怒，作为惩罚，他把人们生活必不可少的火种给收了回去。而这时的人类已经发现了火的用处，失去火种给他们的生活带来极大的不便，人类之父普罗米修斯绝不允许这个情况持续下去，因此，他便为了人类冒险去偷盗火种。

普罗米修斯便趁着阿波罗驾着太阳战车巡逻时用一株茴香茎从战车上盗取了火种，宙斯看到人类的村落映起了摇曳的火光，对普罗米修斯此举十分愤怒。因此，他便让赫淮斯托斯打造了一条无法逃脱的铁链，将普罗米修斯绑在了一块岩石上，让一只鹰每天过去啄食普罗米修斯的肝脏，而每天晚上又让他长出新的肝脏，如此反反复复地折磨他。最后是赫拉克勒斯去采摘金苹果的路上把普罗米修斯释放了出来，宙斯虽还憎恨着普罗米修斯为了人类反抗神明的行为，但当时为了增长自己爱子的名声，还是默许了这次释放。

被伏尔甘用铁链锁住的普罗米修斯 ▶
PROMETHEUS CHAINED BY VULCAN

迪尔克·范·巴布伦
(Dirck van Baburen)
1623 年
201 cm × 182 cm
布面油画
阿姆斯特丹，荷兰国家博物馆

被束缚的普罗米修斯
PROMETHEUS BOUND

法兰西·席得斯 (Frans Snyders)
彼得·保罗·鲁本斯 (Peter Paul Rubens)
1618 年 | 242.6 cm × 209.5 cm
费城,费城艺术博物馆

普罗米修斯的主要事迹 - III
FAMOUS STORIES OF PROMETHEUS - III

PANDORA'S BOX
潘多拉的魔盒

画中故事

潘多拉
PANDORA

查尔斯·爱德华·佩鲁吉尼
(Charles Edward Perugini)
布面油画

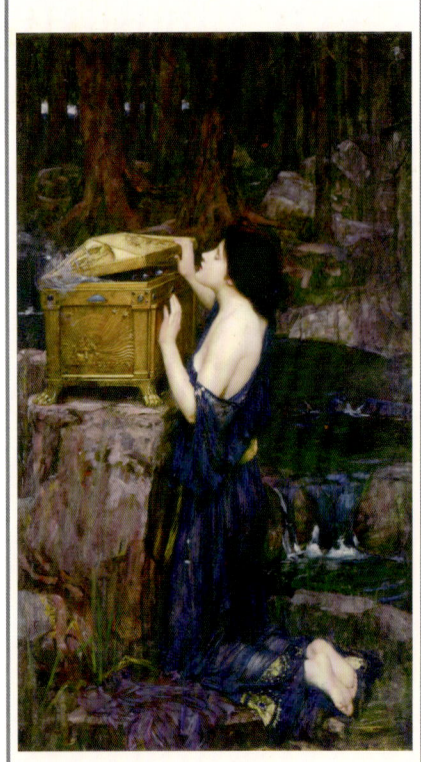

约翰·威廉·瓦特豪斯
(John William Waterhouse)
1896 年
152 cm × 91 cm
布面油画
私人收藏

给了普罗米修斯惩罚，那些享受到火种好处的人类也不能幸免。宙斯吩咐赫淮斯托斯用泥土捏出一个美妙的少女，在《工作与时日》中，雅典娜给她穿好衣服，束好腰带，美惠三女神给她戴上金项链，时序三女神为她的头发装饰上春天的花朵，赫尔墨斯赐予她一颗狡黠的心以及能说会道的天赋，奥林匹斯山的神明都给了她一件礼物，宙斯也赠予了她一个黄金盒子，少女的名字为潘多拉，意为"神的馈赠"。这样美好的一位少女却是宙斯给人类的惩罚。少女装扮好后，由赫尔墨斯带到普罗米修斯的弟弟厄庇米修斯处，见到如此美丽的少女，厄庇米修斯当即便决定要娶她为妻，可普罗米修斯早就告诫过厄庇米修斯千万不能接受任何来自宙斯的礼物，这位"后知后觉者"当下显然已被美色冲昏了头脑，忘记了哥哥的忠言，嫁给厄庇米修斯后，潘多拉过上了幸福的生活，

厄庇米修斯待她极好，在这种蜜里调油的生活里，却始终有一事让潘多拉牵挂，那便是宙斯赠予她的黄金盒子。忍不住自己的好奇心，潘多拉打开了它，刹那间，盒子的疾病、诽谤、贪婪、嫉妒、战争等一切苦难飞向了人间，而雅典娜所赠予人类的希望还未来得及飞出去便被潘多拉惊慌地盖上了，普罗米修斯拼命守护的人类最终还是因弟弟的愚蠢陷入永无止境的苦难之中，这时的厄庇米修斯才后知后觉这场神的馈赠就是一场巨大的骗局。

厄庇米修斯打开潘多拉魔盒
EPIMETHEUS OPENS PANDORA'S BOX

朱利奥·博纳松 (Giulio Bonasone)
1501—1580 年 | 16.5 cm × 10.7 cm | 蚀刻版画
阿姆斯特丹，荷兰国家博物馆

潘多拉 | PANDORA

韦弗珠宝店 (Maison Vever)
1889 年 | 42 cm × 19 cm × 17 cm | 象牙浮雕
阿姆斯特丹，荷兰国家博物馆

潘多拉
PANDORA

巴伦德·格拉特（Barend Graat）
1676 年 | 113 cm × 102 cm | 布面油画
阿姆斯特丹，荷兰国家博物馆

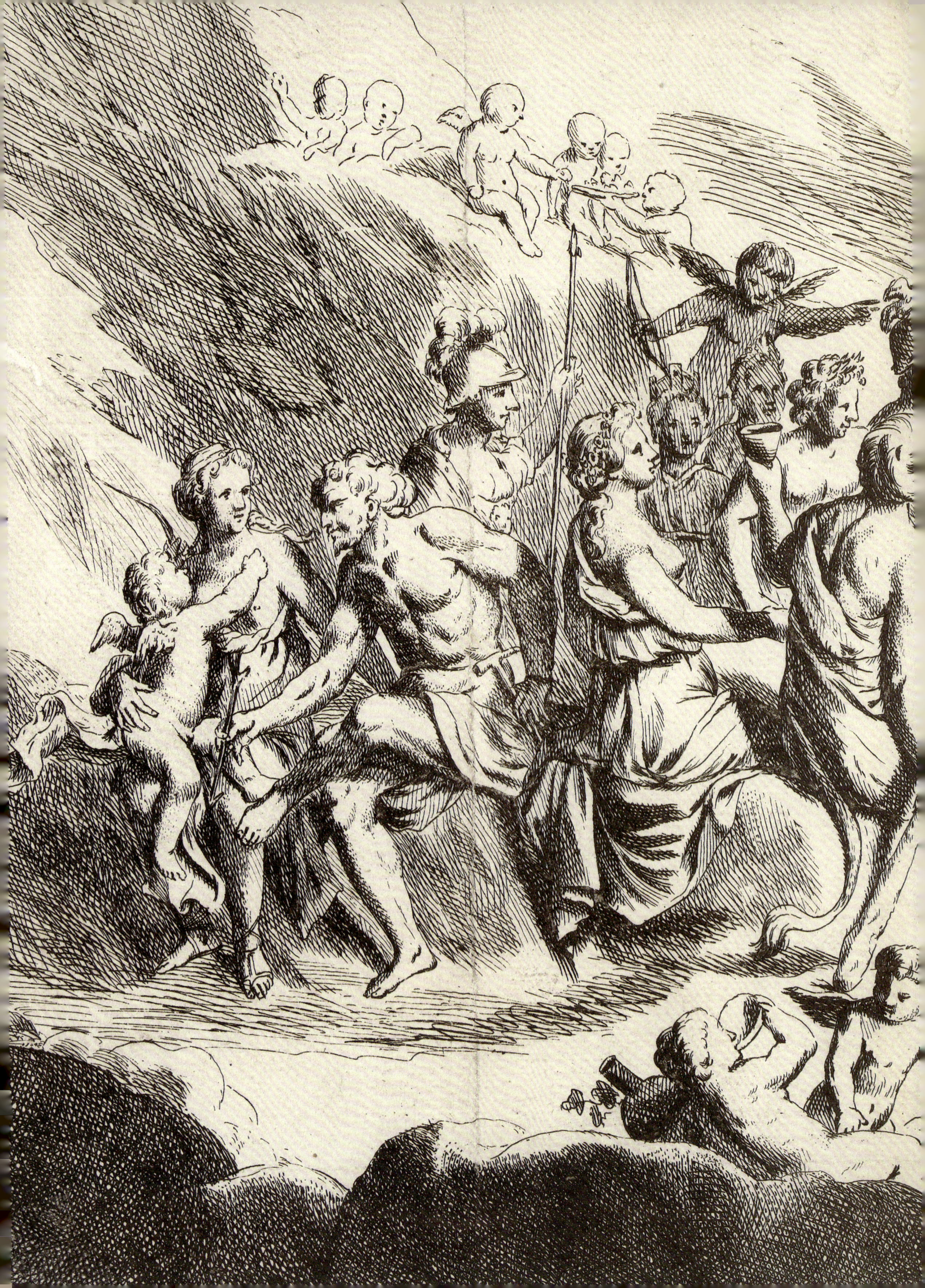

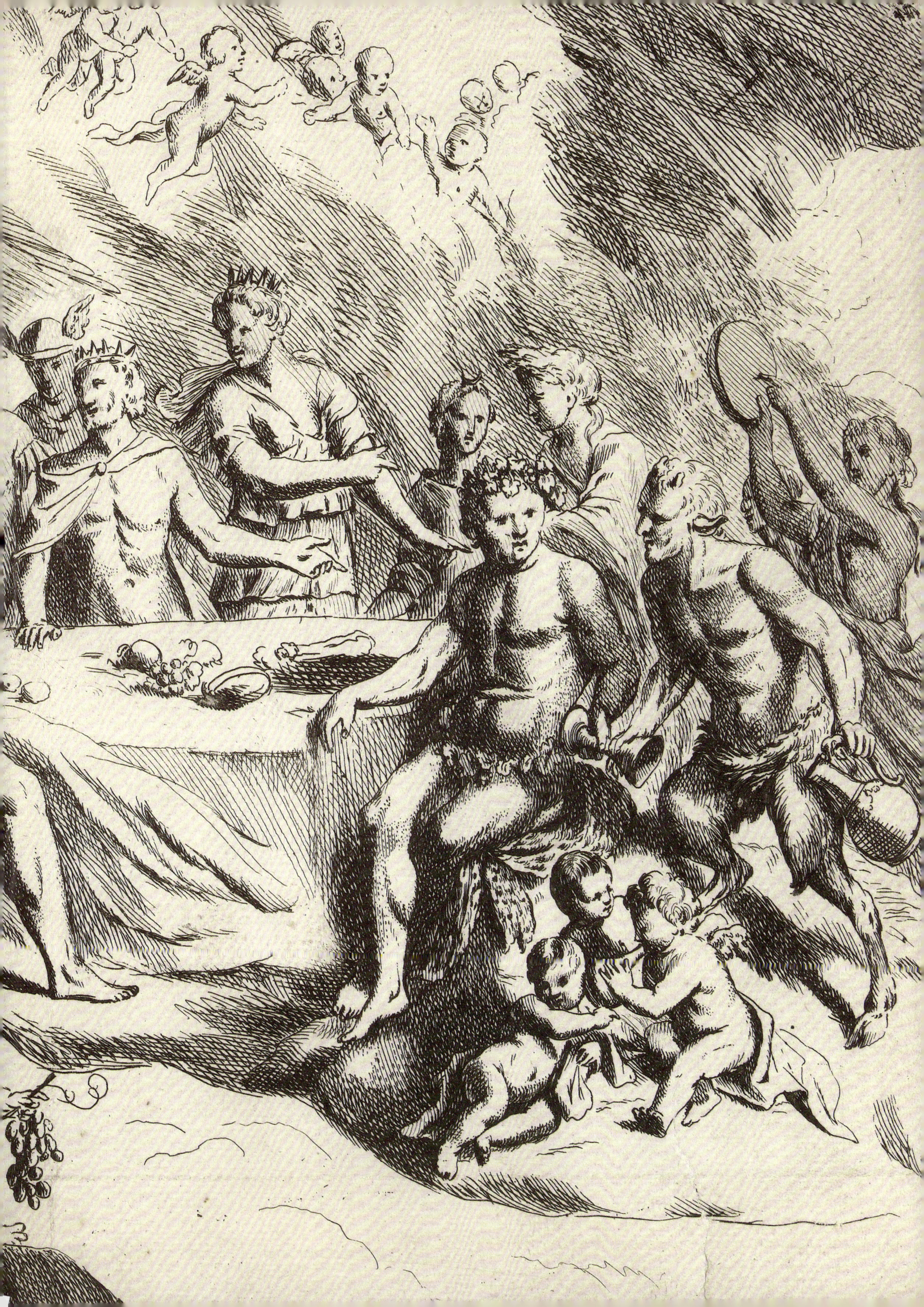

致 谢

谨此感谢所有致力于本书出版并提供资料支持的博物馆、收藏机构、私人收藏者、档案馆和摄影师。同时感谢所有参与本书编撰与制作的编辑、设计师，他们的辛勤工作与热情支持，使本书得以顺利完成。还要特别感谢广大读者的大力支持与反馈，大家的交流互动使这个项目更具生命力，也更有趣。

gaatii 光体诚意欢迎投稿。如果您有兴趣参与图书出版，请把您的作品或者网页发送到邮箱：chaijingjun@gaatii.com。

Not from the beginning did the gods reveal all things to mortals,
but as mortals searched over time,
they discovered better……

———

诸神并非从一开始便教会人类一切，
而是人类经过长时间的探索，
来发现更好的事物……

Xenophanes
色诺芬尼